Paul Barz

MENSCHEN AUF SYLT

fotografiert von Hans Siwik

Westholsteinische Verlagsanstalt Boyens & Co.

ISBN 3-8042-0430-9

Umschlag und Gestaltung: Klaus Meyer
Layout-Entwurf: Dirk Rüther
Lithos: Gries GmbH, Ahrensburg
Herstellung Westholsteinische Verlagsanstalt Boyens & Co., Heide
Printed in Germany

Inhalt

Kennzeichen Sylt

Es gab Zeiten, da klebten manche das Wort „Sylt" an ihre Heckscheibe. Nicht Kennzeichen D. Kennzeichen Sylt. Auch heute gibt es eine solche Plakette. Sie zeigt Sylt im Umriß und erinnert boshafte Naturen an einen Regenwurm. Aber nicht nur die Form hat sich geändert. Schwangen im früheren Bekenntnis zu Deutschlands liebster Urlaubsinsel unverkennbar Stolz und Renommierfreude mit, klingt es heute eher trotzig: Wir lieben dennoch unsere Insel. Denn sie ist schön. Dennoch.

Wie dieser Wandel? Warum schiebt sich neben das Bild der Trauminsel das Zerrbild einer Alptrauminsel? Und Nostalgie drängt heran: Sag mir, wo die Insel blieb, läßt sich mit Marlene Dietrich singen. Jenes Sylt, von dem knorrige Chroniken berichten und die Dichter dichteten. Das Sylt der Schönen und Reichen, der Fischer und Spinner, der Träumer und Schwärmer. Wo ist das geblieben? Nur noch Bauskandale und überfüllter Strand, überteuerte Preise? Zersiedeltes Land und der Beton von Westerland? Kein Rowohlt mehr hier und kein Max Frisch? Kein Thomas Mann? Ruht etwa die große Zeit von Sylt dort, wo Ernst von Salomon begraben sein wollte und Peter Suhrkamp tatsächlich begraben liegt, auf dem Friedhof von Keitum, so tot wie all die anderen Großen, die dort ihre letzte Ruhe fanden? Sylt heute hingegen: nur noch Massentourismus und Möchtegern-Playboys, jene Schnepfen im Gefolge, die in Jeans angereist kommen, um im Lederanzug abzureisen? Ist das Sylts Gegenwart? Und der Glanz von einst: strahlt er nur noch im Abendlicht verklärter Erinnerung? Nochmals Marlenes Frage: Was ist geschehen?

Die Presse, natürlich, hat an allem schuld, sie mit ihren Skandalmeldungen und Schreckensbotschaften. *Bad news,* von Sylt zumal, sind allemal *good news,* oder wie es bei einem frühen Informationsgespräch zu diesem Buch der damalige Kurdirektor von Westerland ausdrückte: „Liegt in Amrum oder St. Peter-Ording eine tote Möwe am Strand, schreibt selbst die Lokalpresse keine Zeile. Auf Sylt reicht sie für Schlagzeilen zwischen Flensburg und Tirol." Und kommen zur toten Möwe noch einige lebendige Rinnsteinschwalben hinzu, nackt natürlich samt kesser Botschaft vom wieder einmal wilden Jet-set-Treiben, schütteln zwischen Flensburg und Tirol die Omas jeden Alters und Geschlechts die Köpfe: Toll geht das zu auf diesem Sylt. Dort kann man ja gar nicht hinfahren. Es sei denn, man hat das Geld dazu.

Warum aber, wenn alles nur Fiktion ist, gerade Sylt als Zielscheibe? Und wenn es eben nicht Fiktion ist, die Strände wirklich überfüllt, die Preise überteuert, die Landschaften zersiedelt sind: Sind sie das nicht anderswo genauso und schlimmer noch als hier? Es muß um diese Insel etwas sein, das reizt, auch zur Übertreibung. Dann kann sie wie ein Brennglas sein. Alles wirkt darunter größer, grotesker, ins Überdeutliche gesteigert, auch die Möglichkeiten und die Schwächen unserer bundesdeutschen Gesellschaft, die eben auch Sylter Schwächen und Möglichkeiten sind. Und deshalb sei übersteigert behauptet: Im zwiespältigen Sylt-Image zwischen Traum- und Alptrauminsel liebt und haßt diese unsere Gesellschaft auch sich selbst. Weil die Sylter Entwicklung ein Spiegel für sie und ihre eigene Entwicklung in den letzten vier Jahrzehnten ist. Im guten wie im schlechten.

Es fällt auf, wie viele von denen, deren Namen am engsten mit dem Sylt-Bild einer Prominenteninsel verbunden sind, gerade in den späten 40er Jahren, im großen Aufatmen unmittelbar nach der Währungsreform, erstmals den Weg über den Hindenburgdamm genommen haben: ein Barlog, Beitz, Gerhard Schröder, Werner Höfer. Die „klassischen“ deutschen Prominentenbäder hatten bis dahin an der Ostsee gelegen. Sylt, oder genauer: Westerland als erste und lange Zeit einzige Einflugschneise des Sylter Badebetriebs, war mehr das trutzige Kontrastprogramm gewesen, nicht so lieblich wie Hiddensee, nicht so geschleckt wie Ahlbeck oder Ahrenshop. Jetzt, nach der deutschen Teilung, wurde die Spielwiese der Wirtschaftswunderwelt daraus, Kampen zumal, das Dorf der Fischer und Bauern, dann der Maler und Dichter, jetzt der Reichen und Mächtigen, die hier das einfache Leben probten, die Vollpension elf Mark pro Tag. Das Fußvolk folgte, aber noch ohne eigene Snobiety-Allüre. Man fuhr nach Sylt, weil Sylt so schön war und das Klima so gesund. Man machte Familienurlaub. Denn jetzt, in den 50ern, hatte man wieder Geld und Zeit dazu.

In diese Zeit fällt meine erste eigene Begegnung mit Sylt. Es gab schon Nacktstrände und drüben in Westerland das Spielcasino. Aber dorthin ging der brave Familienvater selbstverständlich nicht. Tagsüber war der Strand da, die Dünen, durch die man noch ungehindert toben konnte, die Heide, über die man an trüben Tagen wanderte, und abends das Monopoly-Spiel in der Pension, wo die Wirtsleute im Sommer einige Zimmer freigeräumt hatten und deren Wände einmal ein furchtbares Geheul erschütterte: Der Wirt hatte erfahren, daß sein zwölfjähriger Sohn in „Abessinien“ gewesen war, wie noch ohne Rücksicht auf diplomatische Verwicklungen der Nacktstrand hieß. Da wußten wir denn, was die Sylter selbst von solchem Auswuchs hielten, nämlich nichts. So anno ’55 Wenningstedt, im Sylt-Ensemble das klassische „Familienbad“.

Westerland war schon zu laut und zu teuer sowieso. List wurde als Geheimtip für harte Naturen gehandelt. Keitum war noch unentdeckt. In Kampen residierten schon die Feinen und Reichen, und wer hinging, ohne reich und fein zu sein, brachte stolze Mär mit. Beim Fleischer hatte er neben Berthold Beitz gestanden, und der einsame Strandläufer muß Minister Schröder gewesen sein, wenn nicht gar Rudolf Schock. Alle so menschlich, fast wie du und ich. Das war dann aber das eigentlich Besondere an Kampen: daß dort eigentlich nichts besonders war.

Zwischen dieser und meiner nächsten Sylt-Begegnung lagen über zwei Jahrzehnte. Nordfrieslands Probleme an der Küste waren mir nach zehn Jahren nordfriesischer Wahlheimat vertraut und im Kern auf Sylt so anders nicht. Und doch war dieses Wiedersehen ein Schock, vergleichbar der Wiederbegegnung mit einem Menschen nach langen Jahren, dem man sich um so fremder fühlt, je mehr vertraute Züge man entdeckt: Das also war aus Sylt geworden. Das hier war also Wenningstedt. Gewiß, das war der Weg und dies die Treppe, über die man jeden Tag zum Strand hinuntergestiegen war. Doch wo hatte man eigentlich gewohnt? Gab es die kleine Pension noch? Und standen schon damals am Strand die Körbe so dicht nebeneinander? Drängten sich damals schon so viele Menschen in den Straßen? Und diese Straßen: der Hauch Prairiesaloon, die Ahnung Goldgräberstadt – sie bleiben nicht auf Westerland beschränkt. Oder kam einem die Insel nur so vor, so viel bunter, lauter, greller als damals? Die Erinnerung hatte Ruhe gespeichert, Einsamkeit, Idyll. War man Trugbildern erlegen, oder war Sylt wirklich so anders als vor 20 Jahren?

Bis in die späten 60er Jahre hinein war das Insel-Schiff noch recht behaglich im Kielwasser des Fremdenverkehrs getuckert, eigenem bescheidenen Wohlstand entgegen: „Die Menschen vermieteten und lebten vom Vermieten ganz gut, ob Sparkassendirektor oder Putzfrau. Es gab auf der Insel keine großen sozialen Unterschiede. Und war die Saison vorbei, traf sich alles auf Gran Canaria und spielte Skat“, wie Klara Enss diese Entwicklung sieht, damals noch nicht Sylts selbsternannte „unangenehme Notwendigkeit“, sondern eine Pensionswirtin wie viele andere auch. Sicherlich, die Insel wurde voller, die Wagen fetter. Nach den einzelnen Reichen war nun der anonyme Reichtum auf die Insel übergeschwappt, und vom Straßenrand her hatten die Sylter den Karossen sehnsüchtig hinterhergestarrt: Sowas also konnte fahren, wer das Geld dafür besaß. Und dieses Geld, hieß es, sei rasch zu machen. Wollte man nicht überall, in Berlin und Hamburg, in Frankfurt und im Ruhrgebiet, sein Haus auf Sylt oder wenigstens eine Wohnscheibe oder ein Appartement? War hier nicht das große Geschäft zu machen, das große Geld zu holen, mit dem einzigen wirklichen Reichtum, den diese Insel besaß, sich selbst, ihren Grund und Boden? Die Landverkäufe setzten ein, die Insel wurde Handelsware und Spekulationsobjekt dazu, und pfui! ruft da ein jeder. Zumindest jeder, der nicht Armut kennt und Einschränkung und die große Sehnsucht, einmal etwas mehr zu haben als immer nur das Notwendigste, sei es nur der Nierentisch, die eigene Badewanne, der größere Fernsehapparat.

Sylt-Kritiker übersehen oft, wie arm diese Insel war und im Kern noch immer ist, ein Armenhaus der Nation ohne die Segnung des Fremdenverkehrs. Es wirkte nahezu erschütternd, als mir in Keitum jemand sagte, er hätte nur Volksschulabschluß und nicht die Realschule in Westerland besuchen können, weil er nicht „gutes Zeug" besaß. Ich hatte ihn zunächst gar nicht verstanden, hatte geglaubt, er meine gute Zeugnisse. Aber vom „Zeug" war die Rede, von Kleidungsstücken. Die waren für die höhere Schule nicht gut genug gewesen, und darüber mag lächeln, wer in der Wahl seiner Eltern vorsichtig genug war, um immer „gutes Zeug" zu tragen, so wie bekanntlich nur reiche Leute gern die Rilke-Zeile zitieren, Armut sei ein großer Glanz von innen.

Sylt wollte den Glanz von außen. Seit 20 Jahren zwölf Sommerwochen lang Aug in Aug mit den Blattgoldträgern der nachkriegsdeutschen Wohlstandsgesellschaft, wollten seine Menschen endlich teilhaben am Reichtum der anderen auf dem Festland. Man trug nun „gutes Zeug". Und man schleppte zugleich das „schlechte Zeug" heran, die Probleme einer Welt, in der alles schneller, größer, teurer wurde: die toten Möwen am Strand und den Dreck in den Dünen, die Abgase in Kampens nun ampelbestückten Straßen, den Beton nicht nur in Westerland und Lebenskosten, so hoch, daß schon der geringste Rückgang im Fremdenverkehr für alle soziale Not bedeutete, die von diesem Fremdenverkehr lebten. Und wer lebt auf Sylt schließlich nicht davon?

Es ist nicht auszumachen, wann der Sylter Teufelskreis offenbar wurde: Forcierter Fremdenverkehr richtet sich eines Tages gegen sich selbst. Es zahlt niemand Kurtaxe, um auf Beton zu starren. Eine Erholungslandschaft muß Erholung bieten und braucht dafür eine intakte Umwelt. Und Appartementhäuser füllen sich nicht, wenn es die Gäste in den wärmeren Süden zieht. Meer und Strand allein, versetzt mit dem Duft einer großen Welt von Anno dunnemals, reichen nicht, um ein altes Publikum zu halten und ein junges zu gewinnen. Aber zwischen richtiger Erkenntnis und richtiger Tat bleibt immer noch ein Schritt. Sie fürchte sich vor falschen Rettern, hatte Klara Enss gemeint. Wer aber Sylts richtige Retter sind – hieran scheiden sich die Geister wie an der Frage, was eigentlich gerettet werden soll: das Land vor dem Meer? Die Natur vor dem Menschen? Der Mensch vor sich selbst? Oder Träume vor der Wirklichkeit? Der alte Nimbus vor dem neuen Ruf, Sylt sei auch nicht mehr, was es einmal war?

„Land zwischen Gestern und Morgen" hatten früher in Reisezeitschriften alter Art Überschriften gelautet oder „Land der Gegensätze". Auf Sylt trifft beides zu. Und zwischen einem verklungenen Gestern und einem noch ungewissen Morgen begegnet man seinen Menschen, verzagt manche, zornig andere, optimistisch die einen, in Wehmut versunken die anderen. Manche lieben die Insel, manche hassen sie, und manche schaffen beides zugleich, rasen im Jaguar durch Kampen, die Rolex am Arm, und schimpfen auf die, die durch Kampen im Jaguar jagen, die

Rolex am Arm. Für die meisten aber gilt: Sie sehen die Sylter Probleme wohl. Aber sie hängen an ihrer Insel und bekennen sich dazu. Denn sie ist schön. Dennoch.

Von 40 solcher Menschen handelt dieses Buch. Die Auswahl ist schmal, aber nicht zufällig. Denn jede ganz persönliche Geschichte ist jeweils mit einem ganz persönlichen Insel-Aspekt verknüpft, und alle diese Menschen tragen das Kennzeichen Sylt auch ohne Plakette auf der Windschutzscheibe, ob sie dort nun immer wohnen oder nur regelmäßig Gast sind, ob sie mit der Insel leben, von ihr oder für sie. Sylt ist Bezugspunkt, ihre Weltanschauung. Oder wenigstens ein Teil davon.

Unsere Wege führten von Jürgen Goschs schrillem Fischbudenzauber im höchsten Sylter Norden bis hinunter nach Westerland, über das so viel Böses geschrieben wird, daß man nur noch Gutes sagen möchte. Wir waren immer wieder in Keitum, das seine Spannungen hinter wohlrestaurierten Fassaden verbirgt und darüber manchmal schon so künstlich, so abgehoben wirkt wie Rantums getrimmte Reetdach-Harmonie. Hier, anders als bei Kampens nostalgiegetränkter Selbstdarstellung zwischen vergangenem Glamour und neuem Chichi, spielt Sylt sich selbst, wie es einmal gewesen sein mag, damals, bevor die Fremden kamen, und dann kommt es zuweilen auch zur gelinden Insel-Schizophrenie: Man liebt die Fremden nicht und kommt doch nicht ohne sie aus. Und das nicht erst, seit es Touristen gibt.

Sie sind eigentlich nur die letzten in einer langen Reihe, die zurückführt über die Flüchtlingsströme nach dem letzten Krieg, die Arbeiterheere am Hindenburgdamm, die aus Jütland geholten Schnitter bis zu den ersten Syltern überhaupt, jenen Westfriesen, die um die Jahrtausendwende auf die Insel kamen, allererste „Fremde" auch sie. Und Sylt hatte einen guten Magen. Diese Insel war immer auch ein Schmelztiegel für alle, die hergekommen sind, und ist darüber zu einem Mikrokosmos voll unterschiedlichster Facetten geworden, eine „Insel aus lauter Inseln", wie Keitums Kurdirektor Peter Schnittgard einmal beiläufig einschob, und dieses Wort von den „Inseln auf der Insel": es ist das geheime Motto unserer Arbeit geworden. Denn auf immer neue „Inseln" stießen wir, und jede war anders.

Das ist das eigentlich Faszinierende an Sylt: wie hier auf engstem Raum so völlig unterschiedliche Lebensformen möglich sind, nebeneinander und nicht austauschbar. Einen Mann wie den Dramatiker Harald Mueller in seinem Bretterhäuschen im Klappholttal kann man sich nicht in einem der Reetdachhäuser Kampens denken und deren Besitzer nur schlecht in einem Bretterhaus. Den Schriftsteller Boy Lornsen wird man nur selten im „Gogärtchen" treffen und „Gogärtchen"-Wirt Rolf Seiche kaum bei einem Sit-in der Klara Enss. Oder am Ende doch?

Das ist dann das andere, was immer wieder fasziniert: wie sich unter dem Sylter Riesenhimmel Gegensätze aufzuheben scheinen und sich Gemeinsamkeiten auftun, wo man sie am wenigsten erwartet. Es ist schon seltsam, die „Grüne" Edda Raspé fast im gleichen Wortlaut argumentieren zu hören wie den gewiß nicht „grünen" Peter Boenisch, die „linke" Klara Enss wie den „rechten" Claus Jacobi. Festlandskategorien scheinen samt allen Vorurteilen und erstarrten Schemata plötzlich nicht zu gelten. Und Übereinstimmung auch bei dem, was diese Menschen an „ihrem" Sylt besonders lieben.

Wir hatten anfangs jeden nach seinem ganz speziellen Sylt-Tip gefragt, und die Antworten fielen so unisono aus, daß wir auf die Wiedergabe im einzelnen, wie ursprünglich geplant, verzichtet haben. Niemand sprach von Boutiquen oder Bars, alle von den Wattwiesen, der Weite vor Morsum, der Einsamkeit am Ellenbogen und vom Sturm, von Regentagen, von Winter und Herbst. Dann sei ihr Sylt am schönsten. Dann seien sie am liebsten hier. Und gleich unsere erste Begegnung fand nicht im Sommersonnenschein statt, sondern im winterlichen Grau: dann feiert Gret Palucca ihre ganz private Insel-Zeit.

Im Sommer, in den hellen Nächten, wird es in List niemals völlig dunkel. Jetzt ist es Winter und das Licht schon am Nachmittag dämmrig grau. Am Hafen sind die bunten Jahrmarktsbuden verrammelt, und der Sturm schüttelt das Schild, auf dem „Palucca" steht. So heißt ein Schiff, und sie, nach der dieses Schiff benannt ist, schließt in ihrem winzigen Appartement die Gardine, schaltet die Lampe ein und zieht fröstelnd die Schultern unter dem Pullover zusammen, eine kleine, überschlanke Frau mit graublond angezaustem Pagenschnitt über spitzem Vogelgesicht. Sie wirkt zart, fast zerbrechlich, wie sie dort in ihrem Sessel sitzt und auf den Wind horcht, der an den Fenstern rüttelt. Aber ihr Händedruck ist fest, und ihre Stimme hatte am Telefon wie die eines jungen Mädchens geklungen, eine 85jährige, die gerade in den Feuilletons als „die" Palucca gefeiert wurde, als große alte Dame des Balletts.
Das nun hört sie nicht so gern: „Ich bin doch gar kein Damentyp . . ." In ihrer Sprache klingt unüberhörbar Dresden an, wo sie lebt und an der Palucca-Schule unterrichtet. Jetzt erlaubt sie sich in List vier winterliche Ferienwochen, und auf dem Tisch steht ein Fernsehgerät: „In Dresden haben wir ja kein West-Fernsehen." Sie mag Talkshows, nicht so gern Quiz und ist doch stolz: „Ich weiß immer alle Antworten."
Sie schickt ein kleines Lachen hinterher, und in diesem Augenblick fällt es schwer, in Gret Palucca die lebende Legende zu erkennen. Aber das ist sie nun einmal, Zeugin einer Zeit, die längst Geschichte, Theatergeschichte wurde. Über sechs Jahrzehnte schlägt sich dabei ein Bogen zurück bis in die frühen 20er, als sich Aufruhr gegen alles Übernommene regte, vor allem in der Kunst.
Klee, Kandinskij waren Maler dieser Zeit und beide Freunde der Palucca, wie Ernst Ludwig Kirchner, Georg Kolbe. Kirchner hat sie gemalt, Kolbe von ihr eine Plastik geschaffen, und in Dresden wird bald eine Ausstellung sein, „Künstler um Palucca". Davon erzählt sie und vom Dresdner Bauhaus: „Ich habe mich immer mehr von Architekten und bildender Kunst inspirieren lassen als von anderen Tänzern."

„Zwei Schritte nur, und man ist am Nordpol"

Aufruhr auch in der damaligen Tanzszene, Rebellion gegen gefrorene Tradition: Dem Pathos der „Ballets russes", der hochkünstlichen Gefühligkeit romantischer Ballette trat der „German Dance" entgegen und machte bis nach Amerika Furore. Keine Pirouetten mehr, nicht mehr Spitze und Tutu, keine kulinarisch hochgezüchtete Ästhetik. Alles nur noch Ausdruck, Aussage, befreiter Körper zu hämmerndem Schlagzeug. Das war der neue Tanz der 20er Jahre.
Er fand seine Göttin. Sie hieß Mary Wigman. In einem ihrer Tanzabende, um 1920, saß eine Achtzehnjährige und war „einfach begeistert". Zwei Jahre lang hatte sie sich an der Ballettstange abgemüht und von ihrem Lehrer gehört, sie sei völlig unbegabt, wenigstens für das klassische Fach. Jetzt erkannte sie ihren eigenen künstlerischen Weg, stand schon bald selbst auf der Bühne, durfte die Tänze der Wigman auf dem Schlagzeug begleiten, wurde ihre Schülerin. Und noch anderes als das. Das Beispiel Wigman wurde zur Herausforderung, den ganz eigenen Stil, den Palucca-Tanz zu finden, unverwechselbar.

„Wenn man weiß, wie schön der Sommer früher war, findet man ihn jetzt nicht mehr schön."

Die Wigmann: Das war hochgerissene Dramatik, umdüsterte Tragik, Extrem in allem, beim Hinabtauchen in existentielle Finsternis wie im ekstatischen Aufschwung. Die Palucca wirkte leichter, blonder, heiterer, war mehr „der positive Typ". Ihr fehlte wohl auch das dunkel glühende Hohepriestertum der Wigman. In der Weitergabe ihrer Kunst ist Gret Palucca immer mehr Pädagogin als Missionarin gewesen.

Die Palucca-Schule ist kein Tempel des „German Dance". Dort werden gleichermaßen klassisches Ballett, Folklore, Jazz Dancing gelehrt, und längst nicht mehr wird ausgefeilte Technik, wie damals im ersten Rausch des neuen Tanzes, als überholter Ballast abgetan: „Ich sage meinen Schülern: Beherrscht euren Körper so, daß ihr alles ausdrücken könnt, was ihr an eigenen Ideen und ureigenen Empfindungen in euch habt. Euer Ausdruck muß ganz aus euch selber kommen. Aber dazu müßt ihr zunächst einmal die Technik beherrschen. Sonst drückt ihr gar nichts aus. Ich hasse ‚Genie' als Alibi für Schlamperei."

Das sagt kein zartes Mädchen mehr. Jetzt sitzt die Palucca sehr aufrecht da, ganz gütige Strenge, ganz Lehrmeisterin, die ihren 10- bis 14jährigen Schülern im Probesaal erklärt: „Es tut mir so weh, wenn ich euch strafen muß. Tut also bitte alles, damit ich euch nicht strafe . . ." Dazu das unschuldigste Lächeln der Welt, und ich nenne sie raffiniert, sie nennt sich pädagogisch: „Kinder wollen ernstgenommen werden."

1925 hatte sie die Palucca-Schule gegründet. Im Jahr zuvor war sie ein erstes Mal nach Sylt gekommen, und sie war schon „die" Palucca gewesen, aber die Insel noch lange nicht „die" Insel, schon gar nicht in List, dem Dorf der Schafzüchter und Austernfischer. Noch stand kein Hindenburgdamm, und vom dänischen Festland her mußte zu Schiff bis Munkmarsch gefahren werden. Von dort ging es weiter, einige Stunden zu Fuß oder mit dem hochrädrigen Wagen durchs Watt. In List gab es keine feste Straße, kein Hotel. Die Palucca nahm Quartier im Häuschen neben dem Leuchtturm, wo jede Nacht das Leuchtfeuer in ihr Zimmer strahlte, und dort lebte sie dann den Sommer über, bei Petroleumlicht und Spirituskocher: „Wir haben nur von Bratkartoffeln gelebt." Tagsüber war sie am Strand, beobachtete Ebbe und Flut, und das Wechselspiel der Gezeiten fasziniert sie noch 60 Jahre später: Tanz der Natur, Choreographie der Elemente. Und wie schon vor 60 Jahren wandert sie viele Stunden am Strand entlang, in ihre Erinnerungen versunken: „Was damals so alles angeschwemmt wurde und was man so gefunden hatte . . ."

Ihre Tourneen hatten sie rund durch Europa geführt, und 1930 hatte sie einen ersten Tanzabend auf Sylt gegeben, im Gasthaus am Hafen: „Dort gab es die Tante Buthilde, die mußte erstmal einverstanden sein. Und ich hatte keine Musik, ich bin ins Klappholttal gegangen und habe mir ein Grammophon besorgt mit Platten dazu, Märsche und so, eigentlich schrecklich. Dazu habe ich improvisiert, und die Lister waren begeistert, all die Fischer und Bauern."

Zwei Jahrzehnte später und ein anderer Tanzabend in List, nun schon aufwendiger: Eigens war ein Saal gebaut worden, und List war sehr stolz auf „seine" Palucca, die noch einmal ihre Kunst aufleuchten ließ, hier auf dieser Insel, die der geborenen Münchnerin mit den griechischen Vorfahren zur zweiten Heimat geworden war. Denn dieser Abend war zugleich ihr Abschied von der Bühne gewesen: „Man muß wissen, wann Schluß ist. Dann muß man aufhören. Mir fiel das ja leicht. Mir blieb die Schule."

Die Jahrzehnte zwischen beiden Abenden: Das waren NS-Zeit, Krieg und Nachkrieg. Die Wigman war gegangen. Die Palucca blieb. Sie durchlebte, nach einem letzten traumhaft schönen Insel-Sommer des Schicksalsjahres '39, die Bombennächte, Dresdens Inferno, die NS-Götterdämmerung. Gleich danach fing sie wieder an, in einem noch rauchdurchzogenem Saal mit zerschellten Fensterscheiben, zerbrochenen Türen. Andere zog es in den Westen. Sie blieb: „Ich wollte mithelfen, aus dieser so von mir geliebten Stadt wieder eine Stadt zu machen.“ Und anfangs war es in den Ferien auch wieder nach Sylt gegangen, bis 1948. Dann gab es plötzlich die beiden Währungssysteme, und Sylt-Reisen wurden unmöglich. Vom Sylt-Heimweh geplagt, erklärte damals die Palucca: „Wenn ich nicht nach Sylt kann, will ich überhaupt nicht mehr Urlaub machen.“

Freunde hatten sie schließlich zur Ostsee-Insel Hiddensee überredet. Dort gehört ihr heute ein kleines Sommerhaus, und auch dort geht sie viele Stunden am Strand entlang. Aber: „Sylt ist es nicht. Es fehlen Ebbe und Flut.“
Zögernd hatte sie in den 50ern den Weg zurückgefunden, und das war dann nicht mehr die Insel der hitzedurchglühten Sommerwochen am einsamen Strand, der hellen Nächte im Leuchtturmhäuschen, der Fröhlichkeit im Kreis der Bauern und Fischer von List. Man nannte Schiffe nach ihr und feierte sie als „die Palucca“. Aber genau das hatte sie nicht sein wollen, wenn sie in die Lister Stille eingetaucht war. Und dann hatte das einsetzende Wirtschaftswunder die ersten Touristenmassen herangespült, und die Palucca zog sich vor diesem „anderen“ Sylt der Autoströme und Menschenmengen zurück: „Das muß ja im Sommer hier furchtbar sein.“ Sie zögert, will nicht kränken: „Ich meine, furchtbar versnobt.“ ‚Ihr‘ Sylt findet jetzt im Winter statt, und ihr Stammquartier ist nicht aufwendiger als damals am Leuchtturm, mit Bett, Stuhl, Tisch und vielen Büchern. Mehr will und braucht sie nicht: „Ich gehe zwei Schritte und meine, ich bin am Nordpol. Das ist noch immer schön.“
Sie fragt, ob wir gern spazierengehen, und leichtfertig sagen wir „ja“‘. Sie geht aber nicht, sie läuft, mit den federnden Schritten der trainierten Tänzerin, und sie steht zwischen Schafen, lachend: „Das sind meine Freunde!“ Dann wird sie ernst. Ihr Wort vom Sylter Sommer bedrückt sie: „Sie verstehen: Wenn man weiß, wie schön etwas sein kann, findet man es später nicht mehr so schön.“ Bald reist sie ab, macht in Hamburg Station, und die Zeitung zeigt ihr Bild, ganz „die“ Palucca, ein lächelndes Stück Theatergeschichte. Aber zum nächsten Jahreswechsel, gleich nach Weihnachten, wird sie wiederkommen, wird viel lesen, ihre Freunde sehen, vor dem Fernseher bei Quizsendungen mitraten und sich zuweilen etwas ärgern, wenn wieder einmal eine Zeitung sie die „große alte Dame des Balletts“ nennt. So hat dann „ihr“ Sylt Saison, während das „andere“, das bunte, laute Sylt die große Pause einlegt und die Sylter sich auf Gran Canaria von diesem Sylt erholen. Und die Palucca wird wieder am Strand entlangwandern, eine alterslose Filigrangestalt im Anorak, die jeden Weihrauch um die eigene Legende mit ihrem blanken Lächeln wegwischt, dann nichts als eine kleine Frau mit zerzaustem Pagenschnitt. Und eine große Dame. Nicht nur des Balletts.

List

Gerhard Schröder, Außenminister a. D.

Wo wohl Gerhard Schröder wohne, hatten wir an der Tankstelle wissen wollen, und der Tankwart hatte gezögert, wachen Argwohn in den Augen: Ob wir sein Haus sehen wollen?
Wir wollen nicht das Haus, wir wollen Gerhard Schröder sehen. Wir sind schließlich angemeldet. Aber das Mißtrauen bleibt. Denn so geht es wohl oft in Kampen zu, daß in aller Unbefangenheit Fremde mal nachsehen wollen, wie eigentlich ein Berthold Beitz lebt oder ein Werner Höfer oder eben Gerhard Schröder. Und darauf sind die Kampener eingestellt: daß ihre prominenten Gäste zunächst einmal Gäste sein wollen wie alle anderen auch. Dorf und Weltbad zugleich – das verpflichtet. Auch zur Diskretion.
Wir hatten dennoch das Haus gefunden, und Gerhard Schröder stand schon in der Tür, unverkennbar, das dunkle Haar straff zurückgekämmt, die Brauen spitz in die Stirn gezogen, spitz auch Nase, Kinn, Gesicht, in der Stimme den markanten Lispler, das wohlvertraute Wahrzeichen seiner Bundestagsreden, wenn er schlank und elegant am Rednerpult gelehnt hatte, vielleicht ein wenig zu urban, zu ironisch für das Bonn der biederen 50er. Und doch hatte es in ihm eine seiner prägnantesten Gestalten, ein Stück Zeitgeschichte inzwischen, ehemals Innenminister, Außenminister, Verteidigungsminister, zeitweilig als Kronprinz Adenauers gehandelt, dann fast Bundeskanzler, fast Bundespräsident: „Die Woge kommt, die Woge geht", hat er auf Sylt gelernt und sein Haus „Atterdag" genannt, nach dem Wort eines mittelalterlichen Dänenherrschers: „Morgen ist ein anderer Tag . . ." Daran würde er sich immer halten und im übrigen an diesem entspannten Kampener Sonnennachmittag nicht gar so gern von Politik sprechen.
Lieber zeigt er uns sein Haus mit dem tief heruntergezogenen Reetdach und dem Strandkorb auf der Terrasse, führt uns die kleine Warft hinunter bis zur Hecke. Rosen wuchern, ein Kaninchen hoppelt ins Gebüsch: „Sylts zwei Landplagen . . ." Dagegen kämpft er an, will wieder Heide pflanzen, blinzelt zur weißleuchtenden Düne hinüber. „Ich zeige Ihnen mal Bilder, wie es damals hier aussah. Nichts als Heide ringsherum, der Blick frei bis zum Leuchtturm, und kaum ein Haus. Wir gehörten zu den ersten."
Das war 1960. Schröder war gerade 50 geworden und mit dem Hausbau an seinem Lebensziel angelangt, „meinen 50. Geburtstag unter eigenem Dach zu verbringen". Das war am 11. September. Im gleichen Jahr wurde John F. Kennedy US-Präsident, im Jahr darauf die Mauer in Berlin gebaut, Zweifel an der „Politik der Stärke" kamen auf, Konrad Adenauer verlor die absolute Mehrheit. Gerhard Schröder wurde Außenminister, der preußisch harte Zuchtmeister aus dem Innenministerium zum Hoffnungsträger einer flexibleren Entspannungspolitik. Wandel eines Politikerbildes: „Nach der Vereidigung ging ich in den Plenarsaal hinunter. Dort standen Wehner, Erler und Ollenhauer, und ich sagte: Meine Herren, wir werden in Zukunft wesentlich besser miteinander umgehen. Denn nun ist es meine Aufgabe, zusammenzuhalten und zu versöhnen statt zu kämpfen."
Politik war nun doch unser Thema geworden, und wenn in manchen Sylter Gesprächen die Insel so groß wie die Welt schien, so hier die Welt so groß wie die Insel. Doch zuvor will Gerhard Schröder noch von Kampen erzählen und wendet sich zur Tür: „Wie lange, haben wir neulich nachgerechnet, kennen wir schon Kampen?" Seine Frau Brigitte, freundliche Energie in Gesicht und Stimme, kommt: „50 Jahre auf den Tag . . .", und ihr Mann

nickt: „Richtig, wir haben deinen Geburtstag gefeiert." Und abends waren sie ins „Trocadero" nach Westerland gefahren, dort hatte Teddy Stauffer gespielt, „eine richtig wilde Tanzbar war das". In Wenningstedt hatte aber gerade Hermann Göring seine Emmy Sonnemann besucht, und von ihm hatte der junge Berliner Anwalt nur ein Schild gesehen: „Das Fotografieren des Herrn Generaloberst und seiner Gemahlin beim Baden ist verboten."

Das Kampen von 1937 und Kampen in den 50ern: für Gerhard Schröder war es keine Fluchtburg wie für manch andere gestreßte Wirtschaftswunder-Prominenz, und seine Frau seufzt in der Erinnerung an die Insel-Sommer: „Immer Besuch, Gespräche, die Presse, Interviews . . ." Hier hatte ihrem Mann der FDP-Chef Erich Mende noch kurz vor dem Mauerbau am 13. August '61, vor dem Wahlrückschlag der CDU, einen großen Wahlsieg der Union prophezeit, einen größeren noch als 1957: Bonn überall, Politik allerorten, auch im Haus Atterdag. Und nicht jede Woge ging gleich wieder: „Oft sind wir erst um sechs zum Strand gegangen, wenn die anderen schon zurückkamen." Und jeden Morgen las Gerhard Schröder alle Zeitungen, in seinem Arbeitszimmer mit dem Blick nach Süden, „ein guter Punkt, deutsche Probleme zu beobachten".

„Die Woge kommt, die Woge geht"

Politik auch jetzt: das bleibt nicht aus bei einem Mann, der immerhin für die behutsame Neuorientierung der Ostpolitik steht, für die „Politik der kleinen Schritte": „Die hätten noch einiges gebracht und hätten ruhig fortgeführt werden können", letzter CDU-Außenminister seit über 20 Jahren und erster deutscher Staatsmann, der in die Volksrepublik China fuhr, 1972, als schon Willy Brandt Bundeskanzler war.

Erst beim Abhören des Mitschnitts fällt mir auf, wie selten der Name Konrad Adenauers gefallen war und wie häufig der von Willy Brandt. Der muß für Gerhard Schröder ein Reizname sein. Auf ihn kommt er immer wieder zu sprechen, auf seinen messianischen Anfang und kläglichen Guillaume-Abgang, auf seine Rückkehr als Übervater der internationalen Sozialdemokratie: „Das ist für mich das eigentliche Wunder Brandt." Dann, natürlich, die Brandtsche Ostpolitik: „Ich kann sie einschließlich der Dinge, die ich bejahe, nicht so verklärt sehen wie manchmal üblich." Denn sie hätte nicht „Flagge gezeigt, sondert die weiße Fahne gezogen, ohne daß sich dadurch die Sowjetpolitik irgendwie verändert hätte". Bis heute will er nicht wissen, warum die Ära Brandt als neues Zeitalter galt: „So neu kam mir das alles gar nicht vor." Und ein erstes Mal fällt der Name Adenauer: „Er könnte sagen: Die Öffnung zum Osten war mein Werk mit der Moskau-Reise von '55."

Gerhard Schröder hat gerade ein Buch geschrieben, über seine China-Politik, die er für seine wichtigste Leistung hält, diesen ersten Schritt ins rote Reich der Mitte, und seine Memoiren schreibt er vielleicht auch noch, hier im Haus Atterdag, wohin er sich jedes Jahr im Februar auf der Flucht vor dem rheinischen Karneval zurückzieht. Zuweilen fährt er dann auch nach Westerland hinüber, zum Essen ins Hotel „Stadt Hamburg", dem ersten Hotel auf Sylt überhaupt aus einer Zeit, als zugleich der Keitumer Küster C. P. Hansen im allerersten Sylt-Fremdenführer 1859 schrieb: „Jetzt bauet man neue Häuser und Hotels, kleidet sich in kostbare Stoffe . . . genießt Kaffee, Kuchen, Braten und Suppen vielerlei Art dort."

Ahnungsvolle Worte: Auch wir fahren vom Haus Atterdag hinüber nach Westerland, allerdings nicht ins „Stadt Hamburg". Wir sprechen mit dem Westerländer Bürgermeister Volker Hoppe über die Folgen der Entwicklung, die damals um 1859 einsetzte, und war im Gespräch mit Gerhard Schröder die Welt zwischen Moskau und Peking, Bonn und Washington so klein wie die Insel gewesen, wird die Insel nun wieder so groß wie die Welt.

„Deutschland am nördlichsten Punkt: eine gute Perspektive, seine Probleme zu erkennen."

Volker Hoppe, Bürgermeister

In Bayern, heißt es, steht das Rathaus zwischen Brauerei und Kirche. In Westerland liegt es unmittelbar neben dem 1949 gegründeten Spielkasino. Holzgetäfelte Feierlichkeit beherrscht die Halle, doch die Büros dahinter strahlen jene weißgekalkte Nüchternheit aus, die kein noch so buntes Poster bunter, keine schwellende Sesselgarnitur anheimelnd macht. Und inmitten dieser sachlichen Kühle sitzen wir dem Mann gegenüber, der seit zwölf Jahren als Bürgermeister der Kommune Westerland vorsteht, dieser in einem Jahrhundert von einem 1000-Einwohner-Dorf zur Stadtgröße emporgeschossenen Sylt-Metropole mit ihrem Ruch einer heillos zerbauten, hoffnungslos zerstörten Goldgräberstadt. Ein Abenteuer allemal, sie kommunalpolitisch in den Griff zu bekommen und dabei mehr als nur Sachwalter unreparierbarer Mißstände zu sein. Doch von irgendwelcher Abenteuerlichkeit will Volker Hoppe nichts wissen: „Für mich ist Westerland eine überschaubare Größenordnung mit dem Fremdenverkehr als bestimmendem Faktor."

Er ist in den 30, aus jener glattgesichtigen Macher-Generation, die Fragen nach links und rechts, fortschrittlich oder konservativ fast überflüssig macht. Die Westerländer CDU-Majorität hat ihn zum Bürgermeister gewählt, doch hätten es, könnte man sich denken, gleichwohl SPD oder die Liberalen sein können: Partei läßt sich schon lange nicht mehr an Gesichtern ablesen und manchmal nicht mal am Parteibuch.

Eine Laufbahn ohne Schnörkel, früh schon auf Erfolg getrimmt: gelernter Verwaltungsmann, in Holstein aufgewachsen, einer vom Festland also als Obrigkeit. Und zweierlei begegnet der Friese mit alteingewurzeltem Mißtrauen: jeder Obrigkeit sowie jedem Fremden von der Geest. Doch wieder eine abwehrende Geste: „Auf Sylt muß einer zeigen, was er kann, und das jeden Tag wieder. Dann hat er jede Chance der Integration, und mir ist sie gelungen, nach eigenem Empfinden."

Wie abgeschottet kommen solche Sätze, ohne Fugen für irgendwelche unterschwellig aufsteigende Emotion, und selbst Worte wie „Ich bin ein Mann der Westküste. Ich muß das Nordsee-Brausen hören", sind mehr Statement als Bekenntnis. Aber vielleicht braucht Westerland eben diese fast anonyme Sachlichkeit bei der Bewältigung seiner Probleme, denen aufschäumende Gefühle, wilder Protest und wilde Zustimmung, schon lange nicht mehr beikommen. Und braucht sie auch als Gegengewicht zu allen Festlandsvorurteilen gegenüber Sylt: „Für viele sind die Sylter Exoten. Man beachtet, aber verachtet sie mehr als alle anderen Norddeutschen, und wenn meine beiden Söhne zum Fußball hinüber zum Festland fahren, weht ihnen schon in Klanxbüll der Wind ins Gesicht."

Das ist dann eben dieses Insel-Image der feisten Luxuskarossen und aufgeplusterten Reetdachbauten. Dazu gehört die Erinnerung an den großen Baurausch der späten 60er, als über Sylt die bundesweite Betonwut kam und Westerlands Silhouette ihren Hauch Nordsee-Wallstreet erhielt. Ein schwieriges Erbe mit einer schweren Hypothek: Sie muß heute abgetragen werden.

Es ist inzwischen eine andere Zeit als die frühen 70er, als am Strand von Westerland das Projekt der 80 Meter hohen Bettenburg „Atlantis" gerade noch verhindert worden war. Ein Eklat und ein Signal: Von da an wurde immer nachdenklicher gefragt, wohin denn das touristische Raumschiff Sylt steuern solle, und nur eine Antwort kann als sicher gelten, heute wie vor 120 Jahren: Ohne Fremdenverkehr läuft auf der Insel nichts. Denn: „Schlagt die Blätter eurer Geschichte auf. Ihr

werdet finden, daß zu keiner Zeit eure Scholle allein euch ernähren konnte." So 1857 der Arzt und eigentliche „Erfinder" des Sylt-Tourismus Gustav Ross.
Nach Ross ist in Westerland eine Straße benannt. Wir fanden sie nicht zwischen all den Betonblocks und Appartementhäusern, die an die Geschichte vom Besucher des Eiffelturms erinnern, der jeden Tag im Turm-Restaurant zu Mittag aß, weil er von dort aus das eigene Bauwerk

„Eine Kiste, die man selbst nicht mag, verändern"

nicht zu sehen brauchte. Wer auf den Balkons dieser Appartementblocks sitzt, mag sehen, was einst Ross begeistert hatte: „Ein großartiges Meer, ein Strand meilenweit ausgebreitet wie der köstlichste Sammetteppich, die phantastische Dünenwelt, die hehre Schönheit der ganzen Insel . . ." Die anderen müssen sich mit der hehren Häßlichkeit dieser Appartement-Waben begnügen, und ihren Blick wieder freundlicher zu machen im Sinn einer „neuen Wohnlichkeit" und „attraktiven Beschaulichkeit": das nennt Volker Hoppe sein Konzept.
So soll denn das Gebiet zwischen Bahnhof und Strand verkehrsfreie Zone werden, schrittweise, damit die Innenstadt nicht ausblutet. Eine Fußgängerzone gibt es schon, zur Zufriedenheit der Geschäftsleute und zur Zufriedenheit ihres Bürgermeisters: „Westerland soll den Kurgästen und nicht ihren Autos gerecht werden."
Soll man daran erinnern, daß noch in den 70er Jahren die Idee einer Fußgängerzone als „Spinnerei" irgendwelcher linker Umwelt-Sektierer verlacht worden war und eben jene Geschäftsleute Westerlands freie Marktwirtschaft bereits in Grund und Boden sinken sahen? Eine pauschale Antwort hatte Hoppe schon zuvor gegeben: „Auch ohne grüne Magistratsmehrheit betreiben wir eine durchaus ‚grüne' Politik." So schießt denn die Stadt auch schon mal 3000 Mark zu, wenn sich ein Bauherr für eine echte alte Friesentür statt für Plastik entscheidet, oder 100 000, wenn es um die Verschönerung der von Salz, Wind und Abgasen verrotteten Hochhausfassaden geht, immer nach dem Motto: „Wie kann ich eine Kiste, die ich selbst nicht leiden mag, verändern?"
Und nicht nur verändern: Unverhofft mischt Hoppe eine Prise Utopie ins Gespräch, als er plötzlich Objekte erwähnt, die von ihrer Bauweise her so anfällig sind, so teuer im Unterhalt, daß sie eines Tages ebenso rasch wieder verschwinden könnten, wie sie einmal hochgezogen worden waren: „Das ist kein Thema für die nächsten 20 Jahre. Aber eines Tages kommt es dazu. Darin bin ich sicher."
Die Utopie fordert eigene Utopien heraus: In den 20er Jahren hatte ein Zukunftsroman das Schreckbild einer Insel voller Wolkenkratzer gemalt. Ein anderer Roman könnte eine Insel zeigen, die sich gleichsam von selbst gereinigt und zu ihrem natürlichen Kern zurückgefunden hat. Aber das müßte ein Dichter beschreiben. Realpolitiker Hoppe ist rasch wieder zum Hier und Heute zurückgekehrt, ins Sylt, dessen „Gegensätzlichkeiten in einem Punkt zusammenfinden, im Interesse an einem florierenden Fremdenverkehr".
Er selbst macht keinen Urlaub auf Sylt, sondern in den Bergen, im Allgäu oder Harz, und wir fragen nicht, ob er ihn auf Sylt machen würde, wenn er nicht in Westerland, sondern auf dem Festland Bürgermeister wäre. Und wir haben nicht gefragt, ob denn die Behauptung stimme, eigentliche Insel-Macht seien nicht die Bürgermeister, sondern die Kurdirektoren. Statt dessen sind wir zu einem von ihnen hingefahren, nach Keitum zu Peter Schnittgard. Der ist nun keiner vom Festland, sondern Sylter von Geburt. Und aus Überzeugung sowieso.

„Auf Sylt wurde mancher Fehler zuerst gemacht und zuerst wieder korrigiert, während andere noch ihre Hanglagen verkauften.“

Peter Schnittgard, Kurdirektor

Ein erster Termin kommt nicht zustande. Denn dieser Tag ist Petri-Tag, „und der ist mir heilig". Auch der Tag davor fällt aus. Denn das ist der 21. Februar, und an seinem Abend lodern entlang der Friesen-Küste die Biiken, jene einst in heidnischer Zeit zu Wotans Ehren entzündeten Feuer, mit denen immer noch der Winter verabschiedet, das kommende Frühjahr herbeigesehnt wird, ein Tag, von dem es heißt, in ihm sei jeder Sylter in seinem Herzen zu Hause, gleich wie fern der Heimat er gerade ist.

Wir sind keine Sylter. Wir fühlen uns nicht zu Hause. Und der Ärger über den geplatzten Termin läßt sich nicht einmal mit einem guten Essen kompensieren. Denn schon Wochen vorher sind für diesen Abend die Lokale ausgebucht, mit weißgedeckten Tischen in langer Reihe, bereit für Kochwurst auf Grünkohl. Das ißt der Sylter am Biiken-Tag, das ist Tradition. Und es ist eine Tradition geblieben, kein für Fremde arrangiertes Show-Vergnügen: „Biiken gehört uns Syltern, und dann sind wir gern unter uns."

Das sagt Peter Schnittgard, als wir ihm endlich gegenübersitzen, und bei diesen Worten verfliegt der Ärger über den verzögerten Termin. Denn es ist weniger ärgerlich als tröstlich, wenn jemand Tag um Tag mit der Ware Sylt handelt und sich dennoch eine Ecke vorbehält, wohin keine Vermarktung dringt und sogar Termine platzen dürfen. „Wedke tiare!" hatte früher der Friesenruf geschallt, wenn die Biiken zum nächtlich dunklen Winterhimmel aufflammten: „Wotan, nimm unser Opfer an . . ." Uns bleibt die Hoffnung, daß Wotan die zwei verlorenen Tage als Opfer angenommen hat.

In Keitum sind nicht Magistrat und Spielbank, sondern Wellenbad und Kurverwaltung Nachbarn, und dort residiert der Kurdirektor hinter nahezu demonstrativ leergefegtem Schreibtisch, ein Hinweis auf seine spezifische Geschäftsführung, die er „kommunikativ, menschenbezogen, gesprächsbereit" nennt. Sie liegt dem untersetzten Mann mit dem dunklen Seehundsschnauzer im Blut, vielleicht von der väterlichen Seite her, die hinauf nach Dänemark weist: „Schnittgard" heißt „geschnittenes Feld", und dänische Verwandte leben heute noch in Tondern. Ostpreußisches kommt hinzu, von der Mutter, die es irgendwann in den 20ern als Kaltmamsell nach Westerland verschlagen hat. Von ihr mag der Sohn neben dänisch gefärbter Nonchalance die östliche Beharrlichkeit haben, insgesamt eine wohl glückliche Kombination aus Spieltrieb und Zielbewußtsein. Er selbst ist auf Sylt geboren, hat die Insel nur während seiner Bundeswehr-Jahre für längere Zeit verlassen und kann sich Leben und Laufbahn jenseits von Sylt nicht vorstellen: „Ich bin nun mal ein eingefleischter, unverbesserlicher Insel-Patriot."

Dies sei bei seiner Arbeit doch sicher eine große Hilfe, meinen wir, dieses hier Geborensein, und Schnittgard verdreht klagend den braunen Kugelblick: „Das Gegenteil ist richtig. Bekommt ein Fremder ein solches Amt, ist er dafür angeworben worden und wird entsprechend hofiert. Aber mich kennen doch alle hier schon seit Ewigkeiten und viele noch als Kind."

Die goldenen 50er, viel gelobt und viel gelästert, waren Schauplatz dieser Kindheit. Im Haus Schnittgard ist man nicht arm und nicht reich. Der 15jährige verdient sich sein Taschengeld als Laufbursche im Tabakladen oder am Bahnhof von Westerland, mischt sich unter die Gepäckträger, „damals noch richtig mit Mütze und Schirm", und schleppt den Gästen für ein paar Groschen Trinkgeld das Gepäck ins Quartier: der erste

Kontakt mit dem Fremdenverkehr. Daheim wird nicht vermietet, wohl aber in der Nachbarschaft, und dort heißt es um die Mittagszeit: „Ruhe jetzt! Die Gäste schlafen!" Am Westerländer Zentralstrand darf nicht gebadet werden. Der bleibt für Kurgäste reserviert, und ein böses Wort geht um: „Wir Sylter sind nur zweite Klasse. An erster Stelle kommt der Gast!"
Kindheitsprägung oder wenigstens haftende Erinnerung: Wie die Halbwüchsigen über die

„All die Inseln auf der Insel – das ist die Insel"

Westerländer Friedrichstraße schlendern und dort ein Rolls-Royce steht. Sie machen einen artigen Bogen darum, bleiben vor dem nächsten Wagen stehen, das ist ein kleiner Plastikbomber. Und die Jungen staunen lautstark: „Was für ein herrlicher Wagen! So einen müßte man haben." Kinderironie untermischt mit Provo-Allüre gegenüber dem immer allmächtigeren Fremdenverkehr vom Festland her, Protest gegen die Wohlstandskategorien, die der Tourismus in die alte Insel-Ordnung trägt. Aber ohne ihn geht es nun einmal nicht, ohne die „müde Mark", die er auf die Insel bringt.
Schon in den satten 50ern ist auf Sylt Jugendarbeitslosigkeit ein Begriff: „Es war so, daß einer für eine Lehrstelle seine 16 bis 18 Bewerbungen schreiben mußte. Dann wurde er nach Vater, Nase und Parteibuch ausgesucht, und oft genug war es ein Beruf, den er eigentlich gar nicht lernen wollte."
Peter Schnittgard, von der Bundeswehr auf die Insel zurückgekehrt, will Designer werden. Aber dafür hat Sylt keinen Bedarf. Der Zufall verschlägt ihn in die Westerländer Kurzentrale. Dort kann man den anstelligen jungen Mann brauchen, und der Job wird zum Beruf, zunächst als Werbe- und Veranstaltungsleiter: „Es war schon irgendwie eine Pionierzeit, mit winzigem Team und wenig Geld. Da mußte man einfach Ideen haben, mußte lernen, eigene Initiative zu entwikkeln." Währenddessen geht über Westerland, „das medienstärkste deutsche Seebad", der Glamour der späten 60er nieder.
Veranstaltungen im nicht endenden Reigen, Bordfeste, Tanzturniere und der Star-Glanz jener Jahre: Zarah Leanders Baßtöne grollen in alter UFA-Herrlichkeit zum Nordsee-Himmel hinauf, la grande Valente läßt Las Vegas ahnen, und in Jean-Claude Pascal bricht eine Welt zusammen, als er vom Taxi bis zum Bühneneingang zu Fuß zwölf Schritte gehen muß. Schnittgard lernt sie alle kennen und manche fürchten, darunter die schwarze Show-Gazelle Josephine Baker, Cocteaus „Idol aus Ironie und Bronze". In Westerland kommt noch ein gerüttelt Maß Primadonnen-Allüren hinzu: „Die Baker traf also direkt aus Monte Carlo ein und gab ihr Trikot zum Aufbügeln. Eine Katastrophe: das Trikot war nicht nur aufgebügelt, sondern von irgendeinem übereifrigen Angestellten gleich auch noch durchgewaschen worden und paßte Madame nicht mehr. Sie tobte, schrie, verlangte, daß ein anderes Trikot eingeflogen würde. Drei Stunden bis zu ihrem Auftritt."
Und dann: „Schließlich kam sie auf die Bühne, ich habe wild geflirtet und begeistert gestammelt, wie herrlich jetzt erst ihre phantastische Figur zur Geltung käme. Sie schien beruhigt. Doch unmittelbar vor ihrem Auftritt fing sie wieder zu zicken an, und da habe ich kurzentschlossen auf ihre Ansage verzichtet, habe ein Zeichen gegeben, und der Vorhang ging auf. Madame konnte nicht mehr den Scheinwerfern entkommen. Na ja, und als dann ihr Auftritt ein Riesenerfolg wurde, war schließlich alles wieder gut."
Erinnerung an die verblichenen Diven einer verblichenen Zeit, und in der Rückblende vielleicht ein wenig bunter, lustiger als in der Wirklichkeit, so wie Sylt, das von damals, vielleicht am schönsten in der Erinnerung ist. Deshalb läßt Peter Schnittgard auch keine Wehmutszähre tropfen, als er von seiner Kindheit spricht. Gewiß, damals hatten noch die Jungen als Mutprobe mit verbun-

„Kampen, Keitum, Rantum – das ist dem Gast nicht wichtig. Er sagt: Ich bin auf Sylt.“

denen Augen von der Westerländer Kurpromenade hinunterspringen können, das geht heute nicht mehr. Aber: „So anders ist Sylt heute gar nicht. Man muß nur richtig hinsehen."
So hat es ihn denn auf dieser Insel gehalten, von der es heißt, ihre Menschen würden sich fortsehnen, solange sie hier sind, und sich unwiderstehlich zurückgezogen fühlen, wenn sie nicht mehr dort sein können. Peter Schnittgard hat sich diesem Wechselbad gar nicht erst ausgesetzt. Er hätte fortgehen können, aufs nordfriesische Festland, an die Ostsee oder nach Gran Canaria. Er blieb und wurde Kurdirektor der neugeschaffenen Gemeinde Sylt-Ost.
Hinter dem scheußlichen Verwaltungsterminus verbergen sich fünf Ortschaften: Keitum, Morsum, Munkmarsch, Tinnum und schließlich Archsum, das kleinste Inseldorf mit dem alljährlich größten Dorffest, das ländliche Sylt also, das Kontrastprogramm zu Kampen und Westerland. Aber von Konkurrenz will der Kurdirektor nichts wissen: „Jeder Teil von Sylt hat seine Besonderheit. Jeder zieht eine besondere Art von Gästen an, und wir haben ein kleines Ratespiel mit ziemlich hoher Trefferquote: auf den ersten Blick erkennen, welcher Gast welchen Teil von Sylt bevorzugt. Aber der Gast kommt nach Kampen oder Keitum oder Westerland. Er ist zufrieden oder nicht. In jedem Fall sagt er zu Hause: Ich war auf Sylt. Einfach nur auf Sylt. Und darauf muß unser Fremdenverkehr eingerichtet sein."
Das klingt eigentlich selbstverständlich, nur eben nicht auf Sylt, wo sich jeder Teil für die einzige „richtige" Insel hält, und bei diesem Denken bis zum eigenen Tellerrand seufzt selbst eine so demonstrative Frohnatur wie die von Peter Schnittgard tief: „Auf dieser Insel gibt es viele Inseln, und diese Inseln ergeben die Insel. So sollte man denken, insular insgesamt. Doch bedarf es vieler Kommentare, um andere davon zu überzeugen, daß wir allen Eigenarten zum

Trotz schließlich doch zusammengehören. Wir sitzen doch alle in einem Boot."
So will er sich denn auch fotografieren lassen, und so fotografiert ihn Hans Siwik, vor Munkmarsch, in einem Ruderboot kräftig gegen die Strömung anpaddelnd. Sie ist an diesem Tag nicht ungefährlich, und wir sind erleichtert, als Peter Schnittgard wieder unbeschadet an Land steigt. Dort zeigt er aber selbst noch rasch, wie man über Sylter Ortsgrenzen hinausschaut. Denn als wir ihn nach einem Hotelier als Gesprächspartner fragen, blickt der Kurdirektor von Sylt-Ost nach Sylt-West, er sieht nach Westerland und nennt den Namen „Kreis", die Besitzerin des „Miramar"-Hotels. Und das sicher nicht, weil er zu diesem Zeitpunkt gerade als Westerlands künftiger Kurdirektor im Gespräch ist.

Petra und Christiana Kreis, Hotel „Miramar“

Am Anfang stand ein Mißverständnis. Am Telefon hatte ich Frau Kreis verlangt, und eine dunkle Frauenstimme hatte sich gemeldet, mit leisem Akzent und leisem Staunen, daß ich gerade sie über das Westerländer Traditionshaus befragen wolle. Schließlich sei sie Ausländerin. Nun nennen sich aber Sylter zuweilen „Ausländer“, wenn sie nur aus Niebüll oder Husum stammen, wie andere ironisch vom Festland als „Europa“ sprechen. Doch die junge Frau mit dem tiefschwarzen Haarknoten, die mir aus der Jugendstil-Pracht des „Miramar“-Vestibüls entgegentritt, stammt sichtlich nicht aus Husum oder Niebüll. Christiana Theodosiadou, so ihr Name, bevor sie Ehefrau des „Miramar“-Juniorchefs Nicolas Kreis wurde, kommt aus Zypern, und wenn sie abends im Restaurant von Tisch zu Tisch geht, wird sie so häufig nach ihrer Herkunft gefragt, „daß ich mir am liebsten ein Schild um den Hals binden möchte“.

Aber auch die „richtige“ Frau Kreis, Christiana Kreis' Schwiegermutter Petra, sieht nicht nach einer Taufe mit Nordsee-Wasser aus: blauschwarzes Haar im Kontrast zum aggressiven Hellblau ihres Blicks und dazu das Temperament einer friesischen Magnani, deren Lachen den Kronleuchter klirren läßt. Wenn sie zum Beispiel vom Vater Georg Busse spricht, der seine neunte Tochter Petra trotzig „Peter“ nannte, als der 67jährige seinen lebenslangen Wunsch nach einem Sohn endgültig widerlegt sah. Oder von der Mutter, die bis ins hohe Alter über das „Miramar“ gebot wie „die Zarin aller Preußen“. Christiana Kreis' Lachen klingt leiser. Als sie vor fünf Jahren nach Sylt gekommen war, hatte sie nicht gewußt, wo „links und rechts“ ist. Aber daß sie in eine originelle Familie hineingeheiratet hat, dürfte ihr bald klar geworden sein.

Originell schon der Anfang der Hotel-Geschichte um die Jahrhundertwende, nachdem der Berliner Restaurantbesitzer Otto Busse bei einem Sylt-Urlaub prophezeit hatte: „Ich sage dieser Insel eine große Zukunft voraus. Ich habe ein sehr fröhliches und illustres Publikum gefunden.“ Für dieses Publikum baute er ein Haus, „in das die Gäste sozusagen von selber hineinlaufen“, direkt am Meer, auf einer Düne, und der Architekt war aus Berlin geholt worden, das Baumaterial aus

„Der Gast ist wichtig, nicht die Beleuchtung“

Hörnum, wohin eigens eine Lorenbahn installiert werden mußte. Auch Sylts allererste Strandmauer war entstanden, 90 Meter lang und 30 000 Goldmark teuer, während die Insulaner wetteten, ob das Haus wohl zehn Jahre stehen würde oder fünf.

Das alles ist 85 Jahre her, und heute gehören zum „Miramar“, das in den Anfangsjahren nicht einmal geheizt werden konnte, wie selbstverständlich Sauna, Unterwasser-Geysir und Jetstream-Anlage. Aber das eigentlich Besondere bleibt der Hauch Jahrhundertwende, dieses kaum definierbare Etwas, das Familienbetriebe von gesichtslos perfektionierten Gästemaschinen à la Hilton unterscheidet.

Der Gründer hat sein Haus nie selbst geleitet. Von der Eröffnung im Jahr 1903 an hatte es der Sohn Georg übernommen, ein stilbewußter Grandseigneur vom morgendlichen Sherry vor dem gemeinsamen Ausritt mit den Gästen bis zum Dinner in Abendkleid und Smoking. Noblesse oblige, den Wirt wie seine Gäste: Max

„Der Winter ist schöner als der Sommer. Man hat mehr Zeit, für die Gäste und für sich.“

1200

Schmeling stieg hier ab, Außenminister Gustav Stresemann, ein fast nüchterner Hans Albers, und Petra Kreis, noch das jüngste Fräulein Busse, servierte die erste Seezunge ihres Lebens einem Herrn, der Gustaf Gründgens hieß. Und dann war da noch der Stammgast, der 1913 ein erstes Mal gekommen war und sich 1939, vor seiner Emigration, unter Tränen verabschiedet hatte, um bei der Wiedereröffnung des Hotels zu Pfingsten 1950 als erster zur Stelle zu sein. Der Enkel, dessen Großvater schon im „Miramar" Ferien gemacht hat – er ist keine Seltenheit im Gästestamm.

In diesen drei Generationen hat sich eines nicht geändert: „Der Gast ist wichtig, nicht die richtige Beleuchtung oder die Lautstärke der Musik." Das Publikum und nicht aufgesetzte Finessen bestimmen den „Miramar"-Stil. Dieses Publikum ist anders als zu Georg Busses Zeiten, lockerer, selbstverständlicher und – Schwiegertochter Christiana stellt es mit einem zufriedenen Lächeln fest – im Durchschnitt jünger als noch vor einigen Jahren: „Junge Menschen geben im Urlaub wieder mehr für die Unterkunft aus und weniger fürs Ausgehen."

Sie, ihr Mann, Schwägerin und Schwager sind die nächste, die dritte Generation in der „Miramar"-Tradition, und sie alle hatten sich zusammengesetzt, als ein Großkonzern 16 Millionen als Kaufpreis anbot, einstimmig hatten sie „nein" gesagt. Weiterhin soll ihr „Miramar" als Familienbetrieb geführt werden, so kräftig der Wirtschaftswind dieser kostspieligen Betriebsart ins Gesicht bläst. Doch setzt man weiter auf dieses so angenehm altmodische „Der Gast ist König", selbst dann noch, wenn dieser Gast um Mitternacht Roastbeef auf sein Zimmer ordert, um es an seinen Pudel zu verfüttern. Dann kann nur heimlich mit den Zähnen geknirscht und diesem Land eine Hungersnot gewünscht werden, aber im übrigen: immer nur lächeln.

Bei Christiana Kreis fällt das Lächeln zuweilen etwas angestrengter aus als bei ihrer Schwiegermutter: „Sie ist sehr anders als ich." Aber beide haben ihr Handwerk gründlich gelernt, Christiana in Österreich, die Schwiegermutter von Kindheit an im Elternhaus, bevor sie, fern vom Schatten der alles beherrschenden Mutter, mit ihrem Mann für einige glückliche Jahre nach Tübingen gegangen war. Dann, 1959, der herrische Ruf zurück: „Das gab dann so einige Schwierigkeiten zwischen jung und alt." Petra Kreis begegnete ihnen auf ihre Weise. Während ihr Mann Geschäftsführer blieb, vermietete sie ihr Wenningstedter Privathaus an Gäste, „während wir im Keller hausten, wie sich das auf Sylt gehört". War das Haus dann wieder frei, setzte sie vor lauter Erleichterung die Fahne auf Halbmast, „und mein Mann bekam binnen einer Stunde vier Anrufe, ob etwa meine Mutter gestorben sei".

Diese Mutter, die in Rage kam, wenn einmal die Tochter einem erschöpften Kellner eigenmächtig ein Bier spendiert hatte: Ihr mußte wohl noch gezeigt werden, daß auch die Tochter jemand war, und das nicht nur als Vermieterin. Sie gründete zwei Restaurants, in Wenningstedt und Rantum, „ich immer hin und her, aber es hat Spaß gemacht". Bis die Nachricht kam, die Mutter wolle das „Miramar" verkaufen. Eine Stunde des Triumphs: Mit geliehenem Geld stand Petra Kreis als Käuferin bereit, und sie zeigt das 1972 begonnene Gästebuch. Dort hatte sich als erster – wer sonst – jener Stammgast aus dem Jahr 1913 eingetragen.

Sonst lächelt von den Seiten viel Showbiz den Betrachter an: Udo, Otto, Gottlieb Wendehals, und Petra Kreis weiß beim Umgang mit den schillernden Paradiesvögeln des Schaugewerbes fein zu unterscheiden, wer wirklich seine Ruhe will und wen nichts so unglücklich wie diese Ruhe macht: „Wenn einer anfängt, unter dem Personal seine Autogrammkarten zu verteilen, wird er im Speisesaal ganz nach vorn gesetzt. Dort sieht ihn jeder, und er kann sich strahlend beklagen, daß er nirgends mehr vor seinen Fans sicher ist . . ."

Nichts Menschliches ist ihr fremd, keine Eitelkeit und Laune, selbst nicht die Tobsuchtsanfälle einer Schizophrenen, die ihre Juwelen vom Balkon warf und früh um fünf original Straßburger Gänseleberpastete verlangte: „Wir haben ihr ein Leberwurstbrot geschmiert. Dann gab sie Ruhe, die arme Person." Und während Petra Kreis nach einer weiteren ihrer selten verglimmenden Zigaretten greift, sieht man diese vor Vitalität schier berstende Frau vor sich, wie sie nach einem langen Hoteltag wohl auch sein mag, ohne klirrendes Gelächter: „Immer die gleichen Döntjes, immer noch mal ein Gespräch über das Wetter und die letzten Nierenoperation . . ."

Doch der nächste „Miramar"-Tag kommt bestimmt und mit ihm der Anspruch, wieder dem Stil des Hauses gerecht zu werden. Denn davon hängt ab, wie lange noch sich dieses Haus dem Zugriff der Großkonzerne entzieht. Ob er sich denn im Prinzip vorstellen könne, daß dieses Haus doch eines Tages zu einer der internationalen Hotelketten gehöre, hatten wir vom Junior Nicolas Kreis wissen wollen, und er hatte mit den Achseln gezuckt: „Ich habe das ‚Miramar', darüber bin ich froh. Aber sonst wäre ich eben bei Hilton oder Sheraton."

Jung, blond, smart sitzt er neben seiner Frau, die er auf der Hotelfachschule kennengelernt hat und sie nach Sylt gebracht hatte, vom hellen Mittelmeer-Blau in die dunklen Nordsee-Töne, wo sie ein erstes Mal Dünen gesehen, das Rauschen der Brandung gehört hatte. Der erste Insel-Winter war für sie ein Schock. Heute liebt sie ihn mehr als den Sommer, und auch die unverblümte Friesenart meint sie zu schätzen, so fremd sie die berührt: „Keiner findet etwas dabei, wenn er etwas sagt, und der andere fällt vor Schreck in Ohnmacht. Wir Griechen haben mehr . . ." Sie verschluckt das Wort „Taktgefühl", dann setzt sie mit leisem Trotz im Unterton hinzu: „Ich versuche mir die hiesigen positiven Seiten anzueignen. Aber andere sollten auch die positiven Seiten eines Griechen anerkennen, und davon gibt es viele." Dazu lächelt dann die Schwiegermutter. Nein, sie wird der jungen Frau sicher nicht verbieten, einmal eigenmächtig einem müden Kellner ein Bier auszugeben.

Drüben im Restaurant wird zum Dinner gebeten. Keine Smokings mehr, kein Abendkleid, mehr dezenter Freizeitlook: „Wer sich nicht gerade im Bikini oder nackt hinsetzt . . ." Christiana Kreis legt ihr dunkel schimmerndes Lächeln auf, geht von Tisch zu Tisch, von Frage zu Frage, woher sie denn komme, doch sicher nicht aus Sylt. Beim Wort „Zypern" wird genickt. Denn wenigstens den Namen Makarios hat jeder schon mal gehört. Und dann wendet man sich wieder seiner Seezunge zu in diesem „Miramar", das eine eigene Insel ist, nicht nur seines direkten Zugangs zum Strand wegen. Wie abgeschirmt gegen den Lärm des Heute wirkt sie, wie noch durchzogen vom Parfüm einer Vergangenheit, die hier noch ein wenig Gegenwart zu sein scheint: eine Welt für sich. Und eine andere solche Welt, eine weitere „Insel auf der Insel" liegt nur wenige hundert Meter entfernt, ohne Prunkfassade, ohne Plüsch und Pomp, hinter schlichter grauer Tür: Westerlands KC, wie Insider das Kleistcasino nennen, dieses Sylter Dorado homosexueller Subkultur mit Georg und Melanie als seinen Wächtern.

Georg und Melanie, „Kleistcasino"

Melanie heißt eigentlich Volker und Georg wirklich Georg. Er kommt aus dem Sauerland und Volker aus dem Friesischen, wo es am friesischsten ist, aus Bredstedt bei Husum. Der Großvater war der Postbote, der in seliger Vor-Hindenburgdamm-Zeit per Schiff die Post hinüber nach Sylt gebracht hatte, und diese Bindung hat auf den Enkel abgefärbt: „Für mich gibt es nur die Insel und vielleicht noch Portugal." Im Stimmklang schwingt der Singsang unverfälschten Friesenplatts mit, wie es daheim bei den Eltern gesprochen wird, und in diesem Platt hatte der Vater die Nachricht kommentiert, sein Sohn würde gemeinsam mit Partner Georg das Westerländer „Kleistcasino" übernehmen: „Wer nichts wird, wird Wirt . . ."

16 Jahre ist das her, und bald 25 Jahre gibt es das „Kleistcasino", ein Sylter Ableger des gleichnamigen Berliner Etablissements mit seinem schon in den 30er Jahren einschlägigen Ruf, die „Homo-Hochburg absolut" zu sein. In den 60ern war dieser Ruf nach Sylt importiert worden. Auch hier wurde das KC eine Institution. Vom eigentlichen Besitzer war allerdings wenig zu sehen. Er hielt sich überwiegend in seinen Berliner Betrieben auf, während in Westerland zwei junge Leute, gerade 20, den Laden in Schwung hielten, eben Volker und Georg, aus der Textilbranche der eine, eigentlich Hochbau-Architekt der andere: „In der Gastronomie sind wir praktisch Autodidakten, und mixen können wir bis heute nicht."

Es war dennoch gutgegangen. Und noch besser ging es, als in den frühen 70ern der bisherige Besitzer ganz plötzlich und sehr eilig ins Ausland abreisen mußte. Als Nachfolger standen Georg und Volker bereit, mit ihrer Jugend, dem Spaß an der Sache und rund 100 000 Mark Schulden als Startkapital: „Wir haben Appartements geschrubbt und im Winter Schnee geschippt, um leben zu können. Aber in zwei Jahren waren wir unsere Schulden los." Im KC hatte die Stammkundschaft den Stabwechsel in der Geschäftsleitung kaum wahrgenommen. Der eigentliche Wandel im KC hatte andere Gründe.

Es waren dies nun nicht mehr die 60er Jahre, als noch der Paragraph 175 galt und Homosexualität umzischeltes Tabu-Thema gewesen war: „Früher haben manche Gäste erst geguckt, ob die Straße frei war und sie niemand sah. Dann erst rein ins Lokal und die Tür gleich wieder zu. Heute sind unsere Leute selbstsicherer geworden. Sie verstecken sich nicht länger in den Katakomben."

„Unsere Leute" hat Georg gesagt, und der Gruppenanspruch stört mich ebenso wie der wiederholte Hinweis: „80 Prozent unserer privaten Freunde sind ganz normal . . ." Geht es denn nicht ohne diese Kategorien? Ohne ein Minderheitenbewußtsein, das einen Menschen, von der einen wie der anderen Seite, allein durch sein Sexualverhalten definiert? Wenn etwas an Lokalen wie dem KC peinlich ist, dann dieser Hauch verbissenen Sektierertums, dieses „Wir sind schwul und dennoch Menschen", dieses beschworene Anrüchige, verbotenes Land zu sein, zu dem nur Eingeweihte Zutritt haben, und bei diesem Thema werden die beiden eifrig: Nein, genau das wollen sie nicht. Hier sollen die Kategorien „normal" und „anormal" nicht gelten, sei es auch nur ein Bier oder eine Cola lang.

Der Abend ist noch früh und das Lokal fast leer. Gedämpftes Licht ohne schummrige Schwüle, das Mobiliar eher schlicht, fast streng, in überwiegend dunklen Tönen: „Früher hing viel Tuntenplüsch herum, so richtig rot mit Volants und Polstern. Damit haben wir aufgeräumt." Georg sieht sich um: „Das Lokal selbst ist nichts besonderes, nicht besonders hübsch oder attraktiv. Bei uns kommt es ganz auf das Publikum an. Das macht den Laden aus. Das gibt ihm Witz und Farbe."

Das Publikum: „Der Transvestit sitzt neben dem verklemmten Lehrer aus Wanne-Eickel, der sich einmal im Jahr so geben möchte, wie er ist, die Ledertunte neben dem Doktor im Abendkleid." Gutbürgerlich wie die Blumentapete an der

„Und manchmal sind wir auch die Clowns"

Wand sind die Preise: „Uns ist es egal, ob einer Cola trinkt oder Kir Royal. Und wenn einer nur in Ruhe vor seinem Bier sitzen will, ist uns das auch recht. Ob einer schwul ist oder lesbisch oder normal – wer sich hier wohlfühlen will, ist willkommen."

Intolerant wird man bei Intoleranz: „Wer sich wie vor einem Schaufenster aufführt, wo es etwas zu begaffen gibt, bleibt ebenso draußen wie der Schwule, der sich daran stört, daß bei uns auch Frauen Zutritt haben. Unser Publikum ist nun einmal gemischt." Und über diese Mischung wacht als lächelnder Zerberus Volker, an der Tür mit ihrem Guckfenster, immer mit einem Spruch zur Hand: „Das knallt einfach aus mir raus, ich weiß auch nicht, woher ich das habe. Aber mir fällt immer etwas ein. Und die Leute sind gar nicht böse, wenn ich sie abweise. Sie lachen und gehen weiter."

Einmal im Jahr, um Ostern, wird es festlich. Hunderte von Einladungen gehen hinaus und laden zum „Märchenball" oder zum „Karneval in Rio" oder in den „Cage aux folles". Die Tapete versinkt hinter üppigen Dekorationen, Glanz und Flitter breiten sich aus, Straß-Fummel wallen, Federschmuck wippt, und viel Prominenz verbirgt sich hinter dicker Schminke. Aber nicht nur an solchen Abenden kann man auch schon mal die unermüdliche Tuntenglucke Evelyn Künnecke im Gewühl entdecken, und schon Altmutter Zarah Leander kippte hier ihre dreistöckigen Kognaks. Denn für die auf der Insel gerade weilenden Show-Größen, ob homo oder hetero, ist der Gang ins KC fast Pflicht, und lange Abende werden dann besonders lang, bis schließlich zwischen zwei und drei Uhr Schluß ist im KC. Zurück bleiben zwei erschöpfte Wirte, die ihren Beruf manchmal wunderschön und manchmal auch „zum Kotzen" finden: „Für unsere Gäste müssen wir alles sein, Psychiater, Beichtvater, Lebenshelfer und manchmal auch die Clowns."

Das bleibt nicht auf die Stunden im KC beschränkt. Manche finden es chic, „unseren" Georg und „meine" Melanie zu Gast zu haben: „Früher haben wir mitgemacht. Heute sagt man auch mal ‚nein' und schläft lieber zwei Stunden länger, als sich irgendwo vollzufressen und ach so wichtige Gespräche zu führen. Mal will man auch allein sein und ganz privat in aller Stille sein Bierchen oder Körnchen trinken."

So fährt denn Volker im Urlaub nach Portugal, wo ihn keiner „Melanie" nennt: „Dort schwimme ich und liege in der Sonne und schlafe und esse und bin ganz entsetzlich spießig." Auch Georg fährt nur dorthin, wo er garantiert keinen KC-Gast trifft, und bis ins hohe Alter wollen sie sowieso nicht „die beiden vom KC" sein: „So ein Disco-Opa werden, nee . . ."

Georg schwärmt von Kalifornien. Dort will er einmal leben. Volker hält es aber auf Sylt, und er spricht vom Sonnenuntergang am letzten Abend, als der Himmel tiefstes Rosa war und der Horizont ein glühend roter Faden: „Ich kriege eine Gänsehaut und denke, gleich gehe ich mit unter. Sowas gibt es nur auf Sylt. Das ist das Schönste hier." Georg unterbricht ihn: „Dann die Stürme, und man kommt auf den Straßen kaum vorwärts, muß sich an den Häuserwänden entlangziehen – also, das ist super."

„Homosexuelle bauen sich gern eine Märchenwelt, wo sie träumen, zaubern wollen. Das fasziniert auch andere Leute."

Morsumer
Kliff

Jürgen Höhenscheid, Surfer/ Rolf Helling, Strandwärter

Draußen herrscht Windstärke 5, und Rolf Helling ist noch nicht zu Hause. Der Strandwärter muß noch die Körbe vor der steigenden Flut in Sicherheit bringen. Doch im „Haus Frisia", wo seine Frau Ose eine Pension betreibt, wartet schon sein Freund Jürgen Höhenscheid und reicht die Hand so brav wie ein Schuljunge, wenn heute noch Schuljungen brav die Hand reichen würden. Aber die sanfte Fassade eines braunäugigen Cherubin täuscht.

Dahinter, spürt man schon bald, verbergen sich federnd stählerner Ehrgeiz und die Selbstsicherheit dessen, der auch auf dem Wasser nicht den Boden unter den Füßen verliert. Friesen, heißt es, würden nie ins Wasser gehen, sich niemals ihrem schlimmsten Feind, dem blanken Hans, nackt und wehrlos in die Arme legen. Höhenscheid lacht auf: „Ich habe ja meine Bretter dabei!"

Deutschlands besten Windsurfer irritieren Fragen nach seiner Weltkarriere ebensowenig wie der an den Fenstern rüttelnde Sturm. Der Sylter ist ganz andere Windstärken gewohnt, und noch nie haben sie ihn am geliebten Surfen in der Brandung hindern können. Was fast sein Tod geworden wäre: Bei Windstärke zehn und einer unglücklichen Kehre war die Segelstange so stark auf die Halswirbelsäule geprallt, daß mehrere Wirbel zerschlagen waren und zugleich die schon sichere Aussicht auf die Weltmeisterschaft. Höhenscheid spricht davon ohne Pathos, und die Todesnähe scheint ihn weniger zu erschüttern als die entschwundene Hoffnung auf eine Krönung seiner Profi-Laufbahn.

Die Liste seiner Titel bleibt lang genug seit damals, als sich '78 Höhenscheid auf Hawaii ein erstes Mal der surfenden Weltelite gestellt und auf Anhieb Platz vier der Weltmeisterschaft erobert hatte, bester aller europäischer Teilnehmer, selbstverständlich: „Wer in der Sylter Brandung trainiert, besteht überall."

Die Insel ist ihm Heimat und im Sommer Trainingslager geblieben. Aber sein Wohnort sind jetzt die Kanarischen Inseln. Dort, auf Fuerteventura, leitet er drei Surfschulen, eine vierte soll gerade eröffnet werden. Aber mit der aktiven Karriere ist Schluß, denn: „Nach zehn Jahren hat man die Nase voll", vielleicht auch vom Wechselspiel zwischen Idealismus und Management im Spitzensport, wo nichts mehr ohne Vermarktung läuft und schon gar nichts ohne zahlungskräftige Sponsoren. In ihrem Windschatten war Höhenscheid von einer Meisterschaft zur nächsten geeilt und hatte sich zugleich auf Sylt sein kleines Surf-Imperium aufgebaut, mit Schulen, einem Shop für Zubehör, mit Brett- und Segelwerkstatt. Höhenscheid, der Konstrukteur, einmal nicht draußen in der Brandung, sondern am Zeichentisch mit der Natur als Lehrmeister: „Alles mit Wasser, Wind und Wellen liegt dir", wie später sein Freund Helling meint. Und Surfen ist ihm mehr als Sport. Es ist seine Weltanschauung.

Ende der 70er war von Kalifornien her das Surffieber aufgekommen. Flüchtige Mode oder dauernder Stil war noch beim Anblick der ersten Surfersegel die Frage gewesen, und junge Wassersportler lächelten: Das war doch wohl eher ein Altherren-Spaß. Bis bei Höhenscheid der Funke zündete und seine Profilaufbahn begann: „Die Pionierzeit des Windsurfens habe ich, kann ich wohl sagen, mitgemacht."

Jetzt liegt sie hinter ihm wie die Jagd nach immer neuen Trophäen. Und hinter ihm liegt eigentlich

auch Sylt, auch wenn er die Insel sein „Paradies“ nennt. Wieder kein Pathos, nur nüchternes Kalkül: Fuerteventura sei schließlich „auch eine Insel“, nur der Wetterwechsel fehle, und manchmal gehe der immer blaue Himmel aufs Gemüt. Aber dafür kann er täglich in sein geliebtes Wasser gehen: „Das brauche ich. Ich bin ein Wassermensch.“ Und ein guter Lehrer ist er auch, einer, der Surfen für einen Volkssport hält: „Meine Schüler kommen aus allen Schichten . . .“ Und rät er niemals einem ab, wenn er ihn für hoffnungslos unbegabt hält?
„Du kannst ruhig mich nennen“, meint eine Stimme aus dem Hintergrund. Rolf Helling tritt

„Alles mit Wasser, Wind und Wellen liegt dir“

ein, ein Wassermensch auch er, „nur nicht so begabt“. Noch heute erheitert ihn Höhenscheids frühere Feststellung: „Über die nächste Welle kommst du nie.“ Damals waren beide noch hauptamtliche Rettungsschwimmer am Strand von Kampen gewesen, und beide hatten sich die Arbeit einen Berufswechsel kosten lassen. Höhenscheid gab seinen Wunsch auf, Innendekorateur zu werden, der gelernte Zimmermann Helling hatte auf seinen Posten in der väterlichen Firma verzichtet.
Sie wissen nicht genau, wieviel Menschen sie das Leben retteten, wohl um die 20 jeder. Und die Erinnerung an gemeinsame Feste verbindet stärker als der Gedanke an gemeinsame Gefahren. Da staunen denn beide: „Wir sind doch gar nicht so alt. Aber schon merkt man bei den heutigen Rettungsschwimmern den Generationenwechsel. Was waren wir damals für eine verschworene Gemeinschaft! Heute ist alles viel anonymer geworden.“ So anonym, kann man hinzusetzen, wie das gesamte Treiben am Kampener Strand um die Buhne 16, einst ein Synonym für das Sylt der Nackten und der Reichen.

Rolf Helling ist dort Strandwärter, und was an der Buhne 16 so besonders sei, „weiß ich, ehrlich gesagt, selber nicht“. Es war wohl die Magie der großen Namen, die all die anderen nach sich zog. Das Sylt, wie es die Illustrierten lieben, hatte seine Szene mit viel Eitelkeit und Selbstdarstellungszwängen, und Butler John war aufmarschiert, die Insel-Institution in Frack und weißen Handschuhen. Champagner floß, und wer von der Strandburg nebenan nur zusehen durfte, konnte doch sagen, er sei dabeigewesen.
Noch immer marschiert Butler John mit seiner Magnum-Flasche herum. Noch immer werden zwischen Sand und Sonnenöl Kaviar und Lachs serviert. Aber um den alten, sündigen Glanz ist es geschehen und wohl auch nicht allzu schade drum. Helling, der gebürtige Essener, den es auf der Insel ebenso kräftig festhielt, wie es den geborenen Sylter Höhenscheid hinauszog in die Weltkarriere, sieht die Entwicklung mit Gelassenheit: „Unsere Stammkunden finden es an der Buhne immer noch schön. Und es kommen immer mehr jüngere Leute. Die wollen aktiv sein, wollen Sport treiben und sind an irgendwelcher Schickeria gar nicht interessiert. Die Snobs verlieren sich heute in der Menge.“ Ohne Zuschauer aber kein Theater, und ohne Theater keine Primadonnen mehr wie früher.
Die Buhne 16 war entdeckt worden, als Kampens eigentlicher Strand zu voll geworden war, also eigentlich eine erste Fluchtburg vor dem „anderen“ Sylt, der Insel der Massen, die an die Strände zu strömen begannen, und das war dann ihre große Zeit gewesen: Berthold Beitz beim Handballspiel; die Strandpartys des Düsseldorfer Auto-Becker; aufgebockte Bier- und Rotweinfässer; Curd Jürgens hatte sich eingestellt und seine spätere Frau Margie kennengelernt. „Konkret“-Blattmacher Klaus Rainer Röhl erschien mit der ihm noch angetrauten Ulrike Meinhof. Und am Meeresrand hockte ein kleiner, runder Mann auf seiner Holzkiste, und das war dann Boleslaw Barlog gewesen, der Generalintendant von Berlin.

Kurverwaltung
Kampen

„Jungen Syltern wird manchmal vorgegaukelt, in der Großstadt sei es schöner. Später wissen sie: Ihr Paradies ist hier.“

Boleslaw Barlog, Intendant i. R.

Manchmal lohnt sich das Stöbern in alten Illustrierten. Dann stößt man auf Sylt-Berichte, wie sie vor 20 Jahren heiße Presse-Ware waren, und kann dort beispielsweise lesen: „Erscheint aber Boleslaw Barlog und hockt sich auf seine Kiste an der Buhne 16, urig braun und nackt, weiß man: Die Saison ist da . . ."

So ging das also einmal zu: Saison in Kampen und auf seiner Kiste Berlins allgewaltiger Generalintendant, ein Fürst in seinem Reich, das da Buhne 16 hieß, oder wenigstens der Statthalter, bis der „King" erschien, und das war Berthold Beitz. Um sie herum jedoch die Clique, von der Barlog 20 Jahre später sagt: „Wer es nicht von selber war, versuchte wenigstens in der Gruppe etwas Besonderes zu sein – das waren die Buhne-16-Menschen vom Möbelpacker bis zum Regierungspräsidenten. Die Buhne, ich weiß nicht warum, war einfach ein Magnet, war der Kulminationspunkt Kampens."

Auch an diesem Tag sind wir mit Barlog an den Strand von Kampen gefahren. Es ist nicht Saison, sondern Winter, und auf dem Sand türmen sich die Eisschollen. Barlog, 81 Jahre alt, ächzt. Die Hüfte schmerzt. Er stützt sich schwer auf seinen Stock, läßt sich auf die Kiste sinken, irgendeine, die am Strand angetrieben ist. Ungehemmt berlinert der geborene Breslauer und Intendant im Ruhestand: „Ick jlobe, ick kieke aus wie'n Känguruh." Im breitgezogenen Blick blinkt Sehnsucht auf. Die blaue Strickmütze fast auf die Augen gezogen, sieht er hinaus aufs grau gekräuselte Meer: „Früher hat man sich ein Loch ins Eis geschlagen und ist im Winter baden gegangen. Heute, na ja, der Doktor verbietet es, mein Blutdruck . . ."

Er sitzt nicht da wie ein Känguruh. Er hockt auf seiner Kiste wie am Regiepult daheim in seinem Berliner Theater, den massiven Oberleib vorgeneigt, unter der Mütze die grauzerzauste Haartolle, diese „aufgeschlitzte Matratze", zerstrubbelt wie eh, die Lippen leicht geöffnet, als sauge er von der Bühne her jeden richtigen Ton wie Labsal ein, um bei jedem falschen auszuspukken, als hätte er Essig geschluckt: „Er . . . freute sich spontan und armeschwenkend über Gelungenes, trauerte erschütternd über Nichtbegriffenes, Unbegabtes", schrieb Hildegard Knef in ihrem „Geschenkten Gaul", auch sie eine Barlog-Entdeckung wie Horst Bollmann und Klaus Kammer und . . .

Schon vor Jahren sind seine Memoiren erschienen, „Theater lebenslänglich", und selten traf ein Titel so genau: Barlogs Theater währt ewig, ob nun der junge Mann gleich nach dem Krieg vor der rauchgeschwärzten Ruine des Berliner Schloßparktheaters stand und entschied: „Da muß ich rin", ob er dann dieses Theater 27 Jahre lang leitete und das Schiller-Theater, die Werkstatt dazu oder heute als Gastregisseur dem Nachwuchs immer noch zeigt, was eine Regie-Harke ist. Sein Vorhang fällt auch in der Sylter Meeresstille nicht.

1947 hatte er gerade „Des Teufels General" vorbereitet, als er auf Anregung seiner alten Freundin Gret Palucca das erste Mal nach Sylt gekommen war und im vom Zuckmayer-Verleger Peter Suhrkamp als „Autorenhaus" gemieteten Klenderhof Wand an Wand mit den still vor sich hin dichtenden Literaten Ernst Penzoldt und Kurt Lothar Tank das Konzept einer Inszenierung entworfen hatte, deren Erfolg dann, mit O. E. Hasse als Harras, Barlogs Bühne über die Klippen der inzwischen heraufgezogenen Währungsreform rettete. Im nächsten Jahr war er wiedergekommen, mit den ersten paar harten Mark in der

Tasche. Davon kaufte er sich zwei Pfund Makrelen, die ersten nach dem Krieg, und schlang sie an einem Abend hinunter. Die Folgen waren fürchterlich: „Ich habe nie mehr in meinem Leben Makrelen gegessen."
An der Buhne 16 steckte er sich Jahr um Jahr mit kleinen Holzstücken sein Areal ab, und dort saß er dann, während das Theater Ferien machte, entwarf seine nächsten Inszenierungen und modellierte sich sein Bühnenbild aus Sand. Vorübergehende schüttelten mit nachsichtigem Lächeln den Kopf: Sitzt da ein erwachsener Mann am Strand und backt Kuchen wie ein Kind . . .

„Ich habe manches erfunden, das Nacktbaden nicht"

Daß am Strand Engagements gemacht, Verträge abgeschlossen, Karrieren entschieden wurden, ist ebenso Legende wie das hartnäckige Gerücht, Barlog hätte in Kampen das Nacktbaden eingeführt: „Ich habe manches erfunden, das Nacktbaden nicht." Es stimmt jedoch das Wort vom „alten Schwein", mit dem ihn sein Verlegerfreund Ernst Rowohlt belegte, als Barlog mit seiner Frau textilfrei schwimmen ging: „Keiner sprach das so liebevoll aus wie dieser alte Seehund." Es stimmt Edda Seippels erschrockene Reaktion auf Barlogs Aufforderung, doch endlich ihren Badeanzug abzulegen: „Unmöglich! Mein Publikum soll seinen Nimbus behalten!" Und es ist tatsächlich vorgekommen, daß ihn ein Schauspieler im Naturzustand ansprach: „Wie schön, Sie zu treffen, Herr Barlog. Ich soll demnächst in Hannover den Othello spielen. Wie lege ich den am besten an?" Barlog unbeirrt: „Lassen Sie sich schwarzbrennen wie ein Neger."
Die Kampener Schickeria, nein, die hat ihn niemals interessiert, nicht die Feste, nicht die Lokale, in denen der passionierte Nichttrinker und „Herr Mineralintendant" ohnehin nie saß: „Sonne, Sand und Meer – die zählten. Ich war jeden Tag am Strand der erste und letzte . . ." Jetzt, im Ruhestand, kommt er auch im Winter her, obwohl ihm dann die Sylter Stille zusetzt: „Alles dunkel, zugenagelt. Dann packt einen die Insel-Krankheit. Dann meint man, die Welt bestehe nur aus heißem Grog."
40 Jahre Sylt, jeden Sommer vier bis sechs Wochen lang: das war seine Gegenwelt zur Hektik des Theaters, zu den Anfeindungen auch, denen „Barlogs Bunte Bühne" ausgesetzt war, den Ensemble-Intrigen, den geharnischten Kritiker-Attacken gegen diesen Mann, dem heute nachgetrauert wird, als sei mit ihm Berlins goldene Theaterzeit entschwunden: „In Berlin habe ich entladen. In Sylt lud ich wieder auf. 27 Jahre Intendanz in einer Stadt wie Berlin hätte ich ohne Anschluß an den Akku Sylt nicht durchgestanden." Er stemmt sich hoch: „Gehen wir zum Fisch-Fiete."
Fisch-Fiete in Keitum, auch er eine Sylter Legende und inzwischen tot wie viele andere auch. Seine Tochter begrüßt uns, strahlt: „Bitte, Herr Barlog . . . hier, Herr Barlog . . ." Einige Gäste drehen sich um, stoßen sich an. Barlog, in ruhevoller Majestät, ignoriert die Aufmerksamkeit und genießt sie doch. Auch das gehört zum Theater.
Vom Fisch-Fiete sind es nur wenige Schritte bis zu Barlogs Wohnung. Hertha Barlog erwartet uns, seine geduldige Ehefrau seit bald 50 Jahren. Und der Hausherr hockt wieder da wie am Regiepult und blättert im Buch zu Hauptmanns „Biberpelz", den er demnächst inszeniert: Theater lebenslänglich. Er sieht erst auf, als sich noch ein Gast einstellt. Der „Obermieter" kommt zum „Untermenschen", der Besitzer der Wohnung oberhalb des Barlog-Domizils, einer, den Barlog vor drei Jahrzehnten nach Berlin holte und zum Berliner Charakterdarsteller Nummer eins aufbaute, Staatsschauspieler inzwischen und Professor auch. Groß und schmal tritt er in den Raum: Martin Held.

„Intendant sein in Berlin – das hätte ich nicht durchgestanden ohne Anschluß an den Akku Sylt.“

Martin Held, Staatsschauspieler

Am Abend zuvor war im Fernsehen einer seiner Filme gelaufen, „Alibi" mit O. E. Hasse und Alfred Weidenmann als Regisseur, und er hat ihn sich nicht angesehen. Denn schon vor 30 Jahren bei den Dreharbeiten hatte er seine Rolle eines zum Gattenmörder gewordenen Chemikers „einfach scheußlich" gefunden: „Mit Weidenmann hatte ich zuvor ‚Canaris' gemacht, das war mein erster Filmerfolg geworden, und ich wollte nicht undankbar sein. Deshalb habe ich das gespielt." Und wie er ihn spielte, diesen Biedermann im Maßanzug, dessen Fassade zu bröckeln anhebt, bis nur noch ein armer Hund zurückbleibt: Solche Charaktere im Halblicht, aufgeplusterte Ehrenmänner mit der Leiche daheim unter dem Nierentisch, hat kein anderer Martin Held nachgespielt, und sie haben ihn zum Star gemacht.

Er weiß, daß ich ihn zu Sylt befragen will und hat sich gründlich vorbereitet, ein Präzisionsfanatiker, der nichts dem Zufall überläßt. Er zieht zwei eng beschriebene Seiten mit Notizen zu 40 Jahren Sylt-Erfahrung hervor, und ein früherer Fototermin fällt mir ein. Held, auf die Sekunde pünktlich wie immer, war im eleganten Anzug erschienen, aber bitte, wenn ihn der Fotograf anders haben wolle: Er hätte sicherheitshalber noch einen legeren Pulli mitgebracht. So was hat nichts mit der üblichen Gefallsucht von Schauspielern zu tun. Es ist die Akkuratesse des geborenen Bühnenmenschen, der bis zur Unkenntlichkeit hinter seiner jeweiligen Rolle verschwinden kann, und bei Held ist das nicht nur eine Frage von Maske und Kostüm.

Bis zur ersten persönlichen Begegnung hätte ich nicht sagen können, ob er groß, klein, schmal, breit, ob er hell- oder dunkeläugig ist. Immer scheint sich sein Äußeres bis ins physische Detail hinein der Rolle anzupassen, und ich habe ihn einmal gefragt, ob ihm nicht gelegentlich vor der eigenen Verwandlungsfähigkeit Angst geworden ist. Darauf hatte er dann nicht antworten können oder wollen.

Tatsächlich sind seine Augen hell und die Statur eher schmal, eine fast unauffällige Erscheinung, nach der sich niemand umdreht, wenn Held durch Keitums stille Straßen geht oder sich in der Buchhandlung über die geliebten Bücher beugt: „Ich lasse viel zuviel Geld hier . . ." Auch er hatte zur Clique um die Buhne 16 gehört, doch dort nie so dominiert wie sein Entdecker Barlog. Ohnehin hatten die Ferien immer nur wenige Tage gedauert. Denn meistens hatte er im Sommer gefilmt, während das übrige Jahr dem Theater gehörte. Fünf, sechs Riesenrollen pro Spielzeit, am Samstag Premiere, am Montag Proben für das nächste Stück: das war sein Lebensrhythmus gewesen, und er nennt ihn „mörderisch". Im Hintergrund zeigte aber sein Intendant sein Menschenfänger-Lächeln: „Wollte ich einmal während der Spielzeit einen Filmurlaub haben, sagte Barlog eiskalt: Gern, Martin! Dann muß ich eben mein Theater schließen, und schuld daran bist du."

Barlog war es, der den zu erstem Ruhm gekommenen und eigentlich schon nach München engagierten Held angerufen und gesagt hatte: „Was wollen Sie denn in München? Sie sind doch Berliner. Kommen Sie mal nach Hause!" Barlog war es auch, der den Star-Schauspieler aufgebaut und den Berlinern mit Held einen Ersatz für den in den Westen abgewanderten Gustaf Gründgens gegeben hatte. Und Barlog war es schließlich, der in den frühen 70er Jahren aus seiner Keitumer Wohnung eine Postkarte geschickt hatte: „Die Wohnung über uns wird frei. Greif zu! Es lohnt sich."

15 blaubemalte Teller hängen an der Wand, einer

für jedes Jahr in Keitum, aber den 15. hat Held aus Dänemark mitgebracht, wo vor bald 70 Jahren seine Liebe zur Nordsee-Landschaft, zu ihren fahlen Farben und der ins Endlose gedehnten Weite begonnen hatte. Gleich nach dem ersten Weltkrieg war es gewesen und er selbst, nach dem berüchtigten Steckrüben-Winter 1917/18, das halbverhungerte Berliner Kriegskind, das barmherzige Seelen zu Weihnachtsferien an die dänische Küste geschickt hatten. Dort hatte er

„Hier spiele ich keine Rollen mehr"

mit aufgerissenen Augen vor den Schaufenstern gestanden und richtige Schokolade, richtige Butter gesehen. Und seine erste große Liebe hatte der Zehnjährige auch gefunden, die um acht Jahre ältere Tochter seiner Gastgeber. Noch der reife Mann hatte sehnsuchtsvoll von ihr geschwärmt und schließlich erfahren, daß sie längst, schon als junge Frau, gestorben war. Damals aber war er jede Ferien nach Dänemark gefahren, und einmal hatte ihn ein Fischer mit seiner Jolle mit aufs Meer hinausgenommen, seine erste Begegnung mit der Nordsee, die Bekanntschaft mit Gischt und Brandung und Salzgeruch.

Immer noch fährt der 78jährige bei jedem längeren Sylt-Aufenthalt nach Dänemark hinüber und schreitet die Stätten seiner Erinnerung ab. Und nie vergißt er den Besuch im Seebüller Nolde-Museum. Noldes Farben findet er dann auf Sylt wieder, wo das Theater, die Bühne, die immer neuen Rollen für einige Atemzüge vergessen sein dürfen: „Auf Sylt ist große Pause. Hier spiele ich keine Rollen mehr."

Kein Lärm dringt in seine Inselecke, wo er dann manchen Nachmittag beim Tee mit Nachbar Barlog zusammensitzt. Streuselkuchen gibt es dann, und „im Winter darf im Tee auch etwas Rum sein". Aus ihren Erzählungen steigen aber die Erinnerungen an eine Zeit, zu deren Glanz auch ihrer beider Namen gehören wie die so vieler, die hier in der Keitumer Nachbarschaft Wohnung nahmen.

Gunter Sachs hat in der Nähe ein Appartement und Rosemarie Springer, dritte Frau des Verlegers und dem Vernehmen nach Inspiratorin der nicht unbedingt ruhmreichsten, aber gewinnträchtigsten Presseschöpfung ihres Mannes, der „Bild"-Zeitung. Das Haus gegenüber hatte Wieland Wagner gebaut, der genialische Herr von Neu-Bayreuth, der dort liebevoller Nachwuchspflege bei der jungen Anja Silja nachging.

Wieland ist tot. Die Silja lebt in Amerika. Gunter Sachs, einst der „Wir sind wieder wer"-Superplayboy, der Bardot-Gatte und Soraya-Galan, wurde zum gesetzten älteren Herrn, der sich nur noch gelegentlich auf der Insel blicken läßt, zu deren Ruhm und Ruf als einem Elysium der Reichen und Schönen er nicht wenig beigetragen hatte, damals in den 50ern, als nach Sylt fuhr, wer im Sonnenschein des Wirtschaftswunders stand. Und niemand hat die große Verlogenheit und die kleinen Gemeinheiten dieser Zeit, ihre Verdrängungen und Verklemmungen so beißend böse dargestellt wie Martin Held in seinen Rollen, der schillernde Heydrich im „Canaris"-Film, der furchtbare Jurist in Wolfgang Staudtes „Rosen für den Staatsanwalt", ein großer Darsteller kleiner Charakter. Und ein guter Kollege, wenn es um Hilfe für den Nachwuchs ging. Daß er einigen seiner einstigen Schützlinge heute kaum noch eine Postkarte wert ist, nimmt er hin und denkt lieber an jene, die sich um so genauer erinnern können, was ihnen in ihren Anfängen der große Held für eine Hilfe war, jener Frau zum Beispiel, die heute nur einige Straßenzüge weiter gleichfalls in Keitum lebt. „Du hast was, du schaffst es", hatte vor über 20 Jahren Martin Held zur blutjungen Monika Peitsch gesagt.

„Immer Theater, in den Ferien Film – ich war dankbar, wenn für Sylt zehn Tage blieben."

Monika Peitsch, Schauspielerin

Im Garten zum Watt hin stehen zwei Kanonen aus dänischer Zeit, und das Haus ist 150 Jahre alt, nicht besonders viel für das Dorf Keitum, das schon lange kein Dorf mehr ist. Die Bauern haben es verlassen, ihre Höfe wurden an die Peripherie „umgelegt", damit nur ja kein Heuwagen, keine Jauchepfütze den Kurbetrieb stören. Aber viele alte Häuser blieben erhalten, und Keitum hatte Glück: Seine Grundstücke liegen zu dicht nebeneinander, als daß sich über das „grüne Inselherz" der Westerländer Beton hätte ergießen können. Und in einem dieser Häuser lebt zwischen zwei Fernseh-Terminen, zwischen zwei Tourneen die Schauspielerin Monika Peitsch.

Einmal, vor einer Ewigkeit, hatte es bei einem Weiterverkauf 4000 Goldmark gekostet. Doch wie teuer es war, als es vor vier Jahren Monika Peitsch erstand, fragen wir lieber nicht. Die schmale Frau beschäftigen ohnehin gerade andere Gedanken: „Komisch, als Kind fand ich nichts so grausig wie Gartenarbeit. Heute bin ich ein Garten-Freak." Sie lacht: „Vielleicht ist das eine Alterserscheinung."

Als wir kamen, hatte sie noch mit Mann und Sohn am Frühstückstisch gesessen und war hochgeschreckt: „Unsere Verabredung, mein Gott! Die hatte ich völlig vergessen!" Ein rascher Griff zum Schal, das widerspenstig auseinanderstrebende Haar verschwindet unter einem Turban, rasch Make-up und Wimperntusche – aber ohne Schminke, mit ungetuschten Wimpern hatte sie mir eigentlich besser gefallen und an das spröde Mädchen von einst erinnert, das sie in ihren frühen Berliner Bühnenjahren gewesen war. Damals hatte sie noch zu Barlogs Schiller-Theater gehört, neben Kollegen wie Held und Rolf Henniger und dessen Frau Eva-Katharina Schultz. Doch über einen gelegentlichen erinnerungsseligen Kaffeeplausch geht der Kontakt untereinander nicht hinaus, und Monika Peitsch weiß nicht recht, ob sie das beklagen oder begrüßen soll: „Es ist wie überall. Jeder lebt für sich, hat seine eigenen Probleme. Und wir sind gern für uns allein."

„Rechnen Sie mich nicht zur Sylt-Schickeria", hatte sie gleich bei unserer ersten Begegnung gesagt, und wie sie hatten viele beim Wort „Sylt" reagiert: Sylt gleich Schickeria? Ist das schon das automatische Vorurteil bei jedem geworden, der hier lebt? Und ist am Ende nur „in", wer partout nicht „in" sein will?

Monika Peitsch nimmt die Frage ernster, als sie gemeint ist: „Schickeria, ja, was ist das eigentlich . . ." Ihr Mann Sven läßt sinnierend ein Bein über die Stuhllehne baumeln: „Vielleicht nur Leute, die fröhlich sind und dafür einen Spielplatz brauchen. Wir sind nur nicht mehr jung genug, um dabei mitzumachen!" Aber das will seine Frau nicht gelten lassen: „Nein, das war bei mir nie so. Ich bin 1961 ein erstes Mal nach Sylt gekommen, in einer ziemlich kritischen Situation, und ich habe nur Natur gesehen, vier Wochen lang, ich bin kein einziges Mal ausgegangen. Und das blieb für mich die Insel: Natur."

Da spricht dann die eine Monika Peitsch, die sich in ihrem Garten „um meine Blumen und Petersilie" kümmert, zur Meditation in die Natur hinausgeht und sich bei stundenlangen Strandspaziergängen vom Wind die Haare zausen läßt. Aber die gleiche Frau hat es auch ganz gern, „wenn ich erkannt und beachtet werde. Das ist schließlich mein Beruf." Bei solchen Worten ist sie ganz die Society-Lady, selbstsicher bis zum Hochmut. Doch scheint, als sei diese Sicherheit mehr erworben als angeboren. Denn es hatte Zeiten gegeben, da hatte sie sich geniert, auch nur im Unterrock zu spielen, und ihre Fernseh-Mutter Inge Meysel aus den „Unverbesserlichen“ hatte sie schlicht „Zicke“ genannt. Erst mit den Jahren muß sich jene perfekte *coolness* eingestellt haben, die heute Markenzeichen ihrer Rollen ist, und die kühle Kenntnisnahme ihrer unleugbaren Attraktivität half ihr über berufliche Durststrecken hinweg, als Schönheit auf deutschen Bühnen nahezu als Makel galt: „Wie oft habe ich gehört,

„Ich finde toll, daß es mich gibt“

hinten herum oder mitten ins Gesicht: Die Frau ist uns zu schön. Das hat mich lange Zeit sehr unsicher gemacht. Aber mit den Jahren, das Gute am Älterwerden, wird man sicherer, und heute sage ich ganz schlicht: Ich finde toll, daß es mich gibt. So wie ich bin.“

Schöne Menschen, schöne Dinge: die Ästhetin Peitsch will Schönheit nicht nur genießen. Sie will sie auch schaffen. So war ihr Blick auf dieses Haus gefallen. Zwei Jahre lang hatte sie daraus erst ein Haus gemacht: „Davor standen praktisch nur die Außenwände, drinnen tobten Ratten und Mäuse.“ Ein Wort der Anerkennung, eine Bauruine vor dem sicheren Verfall gerettet und ein Haus geschaffen zu haben, das heute Keitum zur optischen Zierde gereicht, hat sie von anderen noch nicht gehört. Zumindest muß sie erst lange nachdenken: „Doch. Unser Nachbar freut sich, daß der Garten jetzt wieder ein Garten ist.“ Sie lacht in sich hinein: „Aber unser Nachbar ist kein Sylter.“

Die Sylter und die Fremden, von denen man leben muß, die man aber eigentlich nicht leiden kann, „da sie doch hier nicht ihr Geld verdienen“: diese ewige Melodie wird auch zwischen Keitums alten Häusern gesummt, mit Mißklängen auf beiden Seiten. Monika Peitsch beteuert, daß sie die Sylter mag, gerade ihrer rauhen, nicht immer herzlichen Art wegen, und findet es in Keitum „toll“, wie sich hier manche Frauen für alles einsetzen, „was zur Tradition gehört“. Aber dann klingt leichter Ärger an: „Ich bin eine Ehrlichkeitsfanatikerin. Ich finde es unehrlich, über andere zu schimpfen und zugleich von ihnen zu leben. Und das nicht einmal schlecht.“ Darüber vergißt sie sogar einen Satz lang, daß sie eine Lady ist: „Als wir die Kostenvoranschläge der Sylter Handwerker lasen, sind wir auf den Hintern gefallen.“

Die Handwerker hatte sie dann aus Hamburg kommen lassen. Das war immer noch billiger gewesen. Und das meiste haben sie und ihr Mann ohnehin selbst gemacht, ohne Innenarchitekten, nur mit zwei Burschen von der Insel als Hilfskräften. Monika Peitsch nicht nur das smarte „Unverbesserlichen“-Töchterlein, die „Guldenburg“-Dame, sondern auch eine verhinderte Innenarchitektin, die am liebsten gleich wieder von vorn anfangen würde, vielleicht in einem verfallenen Morsumer Bauernhaus. Und den Kamin hatte sie ganz nach alten Friesenregeln mauern lassen, das ist dann ihr kleiner Triumph: „Wenn ich so sehe, wie manche Friesen für die eigene Kultur nicht das geringste Gespür haben und sich Fenster einsetzen lassen, die vielleicht nach Berlin-Wedding passen . . .“

Die Fassade hatte sie aber rosa streichen lassen. Das ist ihre Lieblingsfarbe, und sie hatte gehofft: „Die anderen finden sie vielleicht auch so hübsch.“ Die anderen fanden nicht. Keitums Farbe ist nun einmal Weiß, so haben hier die Häuser gestrichen zu sein, und wer dagegen verstößt, zahlt hohe Strafen. Keitums Dorfkern steht schließlich unter Denkmalsschutz.

Heute leuchtet die Fassade wieder weiß. Monika Peitsch hatte sich gefügt. Denn gegen Keitums Frauen kämpft selbst ein Fernsehstar vergebens. Zumal wenn von diesen Frauen eine Traute Meier heißt.

„Es ist wie überall. Jeder lebt für sich. Und wir leben gern für uns allein."

Traute Meier, Vertrauensmann für Denkmalspflege

Wäre Alice Schwarzer Sylterin, hätte sie manchen Anlaß zum Emma-Verdruß. Zum Beispiel, daß die Frau, die für insulare Denkmalspflege zuständig ist, für ein halbes Hundert erhaltenswerter alter Friesenhäuser und noch für 147 Erdhügel aus Eis- und Wikingerzeit dazu, allen Ernstes „Vertrauensmann für Denkmalspflege" heißt. „Mann". Nicht „Frau". Das ist die offizielle Bezeichnung. Darüber kann dann Traute Meier genauso klirrend herzlich lachen, wie sie über anderes in klirrend kalte Wut gerät. Wenn beispielsweise wieder einmal, wie im Westerland der späten 60er, ein altes Haus abgerissen werden soll.

Man sieht ihren dunklen Sprühblick im blassen Gesicht vor sich, wie sie damals zum Übeltäter hingestürmt war, und meint ihren breiten Insel-Dialekt zu hören, als sie zunächst von ihm und dann von der Stadtverwaltung nur „dußlige Antworten" bekam: „Seid ja wohl nicht dicht! Bei euch tickt's ja wohl nicht richtig!" In dieser Stunde war die spätere Kämpferin für Alt-Sylter Bausubstanz geboren. Sie wußte es noch selber nicht. Aber sie sah, was sie sah, vor allem in Westerland, wo ihr Mann eine chemische Reinigung betreibt, und wurde tief betroffener Augenzeuge, als der Bauboom gegen alles wütete, was ihr von Kindheit an lieb gewesen war.

Zu tief wurzelt in der geborenen Keitumerin die Insel-Solidarität, als daß sie irgendwelche Schuldzuschreibung betreiben möchte. Im Gegenteil: Sie zeigt Verständnis für jene Sylter, die damals endlich teilhaben wollten am großen Wirtschaftswundersegen: „War ja nicht nur in Westerland so, sondern auch hier in Keitum. Die haben doch alle von neuen Häusern geschwärmt, so richtig schön und warm und trokken, mit Badezimmer und Quelle-Barock. Keitum war nur zu arm dazu. Sonst hätten sich doch alle ihren Bungalow gebaut." Ob sie selbst je vom Wohlstandsbungalow geträumt hat, verrät sie nicht. Spätestens wurde sie aber aus solchen Träumen aufgescheucht, als ein weiteres altes Haus abgerissen werden sollte. Noch war sie kommunalpolitisch Amateurin, zeigte dafür aber ein bemerkenswertes taktisches Geschick. Denn die Stadt hatte dem Abbruch schon zugestimmt und die Besitzerin mit einer Leibrente getröstet. Da war aber noch deren verbrieftes Wohnrecht gewesen, auf das sie eigens hätte verzichten müssen, und darauf nur zu verzichten, wenn ihr Haus nach ihrem Auszug nicht abgerissen wird, hatte Traute Meier bei der alten Dame durchgesetzt. Eins zu Null für den Denkmalsschutz: Aber zunächst war nur eine Schlacht, kein Krieg gewonnen. Traute Meier mußte lernen, daß Gegner in der Wahl ihrer Mittel nicht zimperlich sind. Aber sie machte „fröhlich weiter". Denn: „Die haben mir ja nicht am Fell zwicken können, denn keiner kann mir nachsagen, ich würde egoistische Interessen verfolgen."

Sie ist, vermutet man, die geborene Einzelkämpferin und, wie manche auf der Insel sagen, „der einzige Mann" in der Söl'ring Foriining, der schon 1902 gegründeten Sylter Vereinigung zur Erhaltung der Insel. Aber auch eine solche Kämpferin braucht Kampfgefährten. Sie fand sie vor allem in Kiel beim Landesamt für Denkmalspflege, und dort wird sie bis heute immer wieder vorstellig und immer ohne Anmeldung. Denn sie weiß: Ihrer rauhbeinigen Präsenz ist kein Bürokrat gewachsen, und sie gesteht in einem Anflug selbstkritischer Zerknirschung ein: „Fünfzig meiner Art – die hält man doch im Kopf nicht aus . . ."

Vielleicht ist es nicht ganz so arg. Vielleicht war es nicht nur purer Selbstschutz vor der charmanten Nervensäge, daß die Kieler sie nicht nur unterstützten, sondern ihr schließlich das Amt des Vertrauensmanns für Denkmalspflege übergaben. Hohe Ehre, wenig Geld: Traute Meier macht es der Sache wegen und schießt oft genug aus eigener Tasche zu. Aber sie weiß auch recht gut, wie man öffentliche Mittel locker macht, und wenn wieder einmal ein Sylter sein Haus nicht länger halten kann und verkaufen möchte, ist sie zur Stelle, gibt Rat, besorgt die Zuschüsse: „Es gibt ja so viele Pötte, die man anhauen kann." Und dreinreden läßt sie sich schon gar nicht.

„Fünfzig meiner Art hält man doch im Kopf nicht aus"

Dabei hat sie, mit gewohntem Freimut gibt sie's zu, von Kunstgeschichte keine Ahnung, wenigstens nicht im wissenschaftlichen Sinn. Alles ist Gefühl, die Liebe zum Sylt ihrer Kindheit, das „ärmlich, aber herrlich" war. Und von Gesetzbüchern will sie gar nicht erst Ahnung haben: „Ich muß den Paragraphen Sowieso nicht kennen. Sonst ist es aus mit meiner Arbeit. Denn wenn man erst die Schwierigkeiten kennt, die einen erwarten, fängt man gar nicht erst an und sagt: Es hat keinen Zweck." Lieber hält sie sich an die Lebensregel ihrer Mutter: fröhlich sein, ein Optimist, auch wenn man mal am Boden liegt. Und ihr Erfolg bestätigt diese Regel: „Es wird heute in Sylt nicht mehr sinnlos abgerissen. Ein Wandel ist da."

Der Wandel hat seine pikante Note. Denn nicht die Sylter selbst haben ihn ausgelöst. Das räumt selbst eine so überzeugte Sylterin wie Traute Meier ein: „Als erste blieben die Gäste vor unseren Häusern stehen und meinten: Wohnt ihr aber schön! Das hat viele nachdenklich gemacht." Und wenn auf dem Sperrmüll nicht mehr wie früher schöne, alte Friesenmöbel liegen und der Sylter die Werte seiner eigenen Kultur entdeckt, haben ihm auch dafür erst die „Fremden" die Augen geöffnet.

Es ist eben doch nicht alles schlecht, was an Einflüssen vom Festland kommt. Doch hat der Inselstolz seine eigene Logik, wenn es Traute Meier fast im gleichen Atemzug „nicht so witzig" findet, daß Fremde Friesenhäuser kaufen, auch wenn sie sie dann noch so liebevoll erhalten: „In Sylter Häusern sollten Sylter wohnen!"

Hätte man ihr sagen sollen, daß erworbene Heimatliebe ebenso tief wurzeln kann wie angeborene? Daß die Beziehung zu einer Wahlheimat manchmal enger ist als die zu einem vom Zufall der Geburt bestimmten Lebensraum? Dieser Frau, der Sylt und Sylter alles sind, die nie in den Süden möchte und nie anderswo sein als auf ihrer Insel? Eine Natur wie die ihre muß wohl dreidimensional genommen werden samt allen erquickenden Widersprüche, und den Deutschen Preis für Denkmalpflege hat sie sich denn auch redlich verdient.

Sie selbst war darüber nicht so glücklich, denn alles Offizielle liegt ihr nicht, und im übrigen geht es ihr wohl so wie vielen, die sich selbst sehr ernstnehmen: Sie sind erschrocken, wenn sie von anderen ebenso ernstgenommen werden. Aber der Preis hat auch seine guten Seiten, zum Beispiel die Einladungen zur jährlichen Verleihung, nach Bonn, Bamberg, Regensburg: „So komme ich ein bißchen rum, und Deutschland ist ja auch ganz schön . . ."

Beim Abschied steht sie in der „Klöntür" ihres alten Hauses in Keitums Mitte, der klassischen Friesentür, durch deren Luke man so schön klönen kann, und hat ihre Zweifel, ob sie nicht wieder einmal ein wenig viel gesagt hat: „Mein Gott, wenn ich das alles lesen muß . . ." Und sie ruft noch hinterher: „Aber glauben Sie nicht, ich will jedem Sylter seinen Kuhstall aufzwingen." Das will sie nicht, und das will auch eine andere Frau nicht, die auf ihre, eine sehr andere Art Sylt vor sich selbst zu schützen versucht: die Goldschmiedin Edda Raspé in Morsum.

№ 2

„Die Leute machen Sachen hier: Wenn man nicht danebensteht, ist es das Ende.“

Edda Raspé, Goldschmiedin

Ob sie nicht mit jedem Schmuckstück einen Teil ihrer selbst hergebe, hatte Hans Siwik wissen wollen, und sie hatte ihr verwundertes Lächeln gezeigt, hatte nachdenklich an ihrem Ring gedreht: schweres Gold in schnörkelloser Fassade, darin ein Saphir im lichtesten Blau, das ist ihr Lieblingsstein. Diesen Ring hat sie für sich behalten. Aber sonst ist die Weitergabe schöner Dinge Beruf der Goldschmiedin Edda Raspé, die ihr Handwerk in der Werkstatt ihres Vaters gelernt hat, zu einer Zeit, da noch der Repräsentationsgeist der 50er den Geschmack diktierte. Sie hatte ihn scheußlich gefunden. Ihr eigener Schmuck sollte anders sein, klar, streng, angenehm anzufassen und überall zu tragen. Ein Schmuck, der sich zum Menschen fügt, und nicht der Mensch zum Schmuck.

Die Natur ist ihr Modell. Sie sieht Käfer, Blätter, Blüten, macht sich Skizzen. Danach entwirft sie ihren Schmuck, in den Wintermonaten, wenn alles still ist. Der Sommer ist dann für die Kunden da, für das Gespräch mit ihnen: „Keine Snobs, eher konservative Leute, die den Wert von Handwerk schätzen . . ." Und diesen Wechsel im Lebensrhythmus, „eingebunden in den Rhythmus der Jahreszeiten", findet sie „wahnsinnig schön". Der Insel-Winter, er kann allerdings auch ein Problem sein, und sie spricht von Freunden, die am Leben kaputtgegangen sind: „Allein in diesem Jahr waren es fünf."

Der Schatten über ihrem puppenzarten Gesicht verfliegt. Ihr Lächeln kehrt wieder und mit ihm das kleine Staunen, das sie schon damals, 1968, befallen haben mag, als sie nach Sylt gekommen war und in einen antroposophischen Kreis geriet, in eine Gruppe von Menschen, die miteinander lebten, sprachen, arbeiteten, und das war dann „wahnsinnig schön". Und es war etwas ganz Neues „für mich kleine Provinzpflanze", dieses Gruppengefühl, diese Gemeinschaft kreativer Menschen vor dem Hintergrund einer eher abweisenden, zur gemeinsamen Bewältigung herausfordernden Landschaft, an der man kaputtgehen, aber auch zu neuem, intensiverem Leben finden kann. Edda Raspé war damals keine Antroposophin geworden. Aber sie wußte nun: „Ich will in einem Netz leben und mein Leben eingeknüpft in das Leben anderer wissen."

Sie hatte dann in Berlin studiert, auf dieser anderen Insel, „die ihre Isolation mit Hysterie überdeckt so wie Sylt die seine mit Indolenz". Danach war sie nach Sylt zurückgekommen, hatte dieses alte Haus in Morsum gefunden mit großem Garten darum und wieder eine Gemeinschaft, in die sie ihr Leben hineinknüpfen konnte, in die Szene der Kunsthandwerker, die hier ihre Heimat gefunden haben: Kerzenkeramiker, Töpfer, Textilkünstler, Handweber, Glasbläser, jüngere Leute vom Festland zumeist, wieder eine „Insel auf der Insel", und auch auf sie kann Edda Raspé ihre meistgebrauchte Lieblingsvokabel anwenden: Sie findet das Leben hier, den Kontakt untereinander, den wechselseitigen Austausch „wahnsinnig schön".

Aber eben nicht alles auf Sylt ist so „wahnsinnig schön". Manches ist nur Wahnsinn und manches gräßlich. Einem Mensch mit ausgeprägtem Harmoniebestreben bleibt die Wahl: sich in seinen eigenen Kokon einzuspinnen oder sich engagiert nach außen hin zu öffnen. Die erste Möglichkeit hätte wohl mehr dem Wesen der Ästhetin Raspé mit ihrer Liebe zu Käfern, Blättern, Blüten, mit ihrer Leidenschaft für schöne Dinge entsprochen. Sie entschied sich trotzdem für den zweiten Weg. Sie, die sich früher ein wenig für Psy-

chologie interessiert hatte und sonst nur noch für Kunst, entdeckte die Politik als ein Terrain, wo „jeder seine Pflichten hat und jeder seine Rechte". Diese Rechte will sie wahrnehmen und ihre Pflicht erfüllen, hier auf Sylt, das ihre Heimat wurde, wo sie sich verwurzelt fühlt und einmal alt werden möchte.
Wieder spielt sie mit ihrem Lieblingsring und spricht von der Natur, aber nicht von einer, der sie die Formen ihres Schmucks ablauscht, son-

„Zorn darf nicht überheblich machen"

dern der Natur, die gerettet werden muß, „und nicht nur die Pflanze hier, die Blume dort". Diese Insel, meint sie, hat ihre Belastungsgrenze erreicht. An dieser Grenze ist mit schönen Worten nichts getan. Man muß Fahne zeigen, Partei nehmen, und Edda Raspé entschied sich für die Partei der Grünen. Vier Jahre lang war sie ihre Abgeordnete im Kreistag, 1987 hatte sie für den Bundestag kandidiert und 13 Prozent aller Stimmen eingebracht. Darauf ist sie stolz: „Man sieht, daß Grüne keineswegs nur in Großstädten Resonanz und Chance haben."
Die Grünen sind für sie keine Idealpartei. Chaoten finden sich dort und Karrieremacher und dann wieder „wahnsinnig tolle Leute". Das alles mischt sich und läuft immer Gefahr, an den eigenen Widersprüchen zu ersticken. Die Grünen: eine Partei, die leichter zu Wählern als zu sich selber findet, aber in Edda Raspés Augen eben auch eine Partei, „die Ansprechpartner ist für wichtige Initiative einzelner". Es gehe ihr um die Sache, betont sie, nicht um Weltanschauung, und die Sache stimme. Wovon sie so überzeugt ist, daß es sie nicht einmal stört, wenn Politiker anderer Couleur nach „grünen" Mustern greifen und sie als die eigenen ausgeben: „Wenn etwas Wichtiges erreicht wird, ist mir gleich, woher der Anstoß kommt."

Man kann sich diese Frau mit ihrer leisen, fast flüsternden Stimme, um die Freundlichkeit liegt wie eine gläserne Schutzschicht, nur schwer im tagespolitischen Kampf vorstellen, aber vielleicht ist gerade das ihre Stärke, dieser Verzicht auf Militanz: „Andere können schreien, ich nicht." Sie kennt den Zorn, die große Wut, aber „Zorn darf nicht überheblich machen". Was Taktik sein kann. Gewiß brüllt sie keinen an: „Bei dir, da tickt's nicht richtig", aber schneidend harte Argumente lassen sich auch flüstern und klingen dann vielleicht noch „wahnsinnig schön".
Sie spricht von der Sylter Überfremdung. Sie läßt nicht Emotion dampfen, sondern reiht in silberner Kühle Fakten aneinander: „Die Preise steigen, der Sylter kann sich Sylt nicht leisten, zieht nach Niebüll, es gibt keine Familien mehr und keine Kinder, Schulen müssen geschlossen werden, die Insel vereinsamt – das ist dann der Kreislauf."
Und sie erlebt, wie sie Politiker anderer Parteien beiseite nehmen, ihr zuraunen, sie hätte ja ganz recht. Nur dürften sie selbst das nicht so sagen. Das macht sie dann nicht überheblich, aber zornig eben doch: „Dieses elende Lobby-Denken, in das alles gepreßt wird. Diese Interessengemeinschaften, die immer nur die eigenen Interessen meinen. Dort hat der einzelne doch gar keine eigene Meinung mehr."
Nach Bonn ist sie nicht gegangen, da schwingt in ihren Worten Erleichterung mit. Denn dann hätte sie das hier aufgeben müssen, die Werkstatt, den Laden, die Insel und vielleicht auch etwas von sich selbst. So bleibt sie, was sie ist, keine Polit-Emanze, keine Selbstfinderin auf unendlichem Egotrip, sondern nur die junge Frau, die ihren Garten liebt, sich an Pflanzen freut und am Gespräch mit ihren Kunden. Und die auf die Frage nach ihrem politischen Schlüsselerlebnis nach einigem Zögern sagt: „Ich glaube, die Begegnung mit Klara Enss." Ein Name ist gefallen, der auf Sylt ein Reizwort ist. Denn an Klara Enss scheiden sich die Sylter Geister.

„Ich will in einem Netz leben, mein Leben einknüpfen in das Leben anderer.“

Klara Enss, „Naturschutzgemeinschaft Sylt/NF“

An der Tür bittet ein Zettel, zwischen eins und zwei nicht zu stören, und jetzt ist es halb zwei. Klara Enss öffnet dennoch und geht mit raschem Schritt voran, eine Frau, die merklich weite Räume gewohnt ist. In der Küche bleibt sie stehen: „Haben Sie überhaupt schon gegessen? Ich könnte rasch ein paar Eier . . .“ Vor den Fenstern hängt graues Licht, sie sieht hinaus und ist zufrieden: „Dann sieht man meine Falten nicht so.“ Es sind nicht allzu viele im schmalen Gesicht mit dem manchmal spöttisch blitzenden, manchmal flammenden Blick, und sehr straff, sehr aufrecht hält sich diese Frau in den sechzig mit der Attitüde einer großen Dame, diese Rebellin nach Gutsherrinnenart.

Sylt hat viele Legenden, aus uralter und jüngster Zeit, und eine Legende wie die um den verstorbenen Kampener Bar-Besitzer Karlchen Rosenzweig gehört ebenso dazu wie die der höchst lebendigen Klara Enss. Doch niemand wird als Legende geboren, und wir fragen sie nach ihrem Weg bis hin zur streitbaren, umstrittenen Insel-Institution. Fast erschrocken wehrt sie ab: „Wir wollen doch nicht großartig Familiengeschichte . . .“

Wir wollen schon. Und einiges erfahren wir: daß sie aus Danzig stammt und die Mutter aus altem Dithmarscher Bauerngeschlecht, daß sie selbst Landwirtschaft gelernt hat und nach dem Krieg Schauspielerin war. Das möchte sie jedoch am liebsten unterschlagen wissen. Denn noch immer schmerzt der Schmähruf „Komödiantin!“, der ihr in den 70ern nachgeschrien wurde. Doch gilt: Wer einmal Theaterblut geleckt hat, kommt davon nicht mehr los. Die Stimme weiß nun einmal zu artikulieren, Gestik sich Worten anzupassen, und noch ein Flüstern muß auf der Galerie verstanden werden, lauter Techniken, die Klara Enss nicht verlernt hat und einzusetzen wußte, als sie vor 15 Jahren im Protest gegen Sylts bauliche Verwüstung auf die Straße ging.

Zwei Jahrzehnte lang hatte sie zuvor eine Pension geleitet, in einer Zeit, die sie „Sylts goldene Zeiten“ nennt: „Ich bin nicht gegen den Tourismus, im Gegenteil. Die Insel war sehr arm, bevor die Fremden kamen, und das Leben hier sehr hart. Jedem war sein bißchen Wohlstand aus den Vermietungen zu gönnen. Aber dann brachen die Unternehmer über uns herein, und Appartements wurden gebaut. Damit fing das Unglück an. Ich habe es oft genug erlebt. Einer hat Land, baut dort Appartements, wunderbar. Er fährt Mercedes. Einige Jahre später ist der Mercedes wieder weg, aber das Appartementhaus steht noch, und das Land gehört der Bank.“

Für sie kam das erste Signal mit den Westerländer Bestrebungen einer Großkommune Sylt. Gegen eine solche Zentralisierung wehrte sich in der Individualistin Enss alles, und ihre ersten geharnischten Leserbriefe, Historie inzwischen, gingen an die „Sylter Rundschau“ hinaus. Schließlich stieß sie zu der vom späteren „Grünen“-MdB Gerd P. Werner gegründeten Bürgerinitiative, eine der ersten in der Bundesrepublik, „ein lustiger Haufen, querbeet, vom Bademeister bis zum Oberstleutnant. Wir alle haben eine anständige Opposition hingelegt.“ Sie fand ihr erstes spektakuläres Ziel im geplanten „Atlantis“-Mammutbau: „Erst also schossen Appartementblocks in die Höhe, dann war das Kurzentrum da, das Wellenbad. Nun kamen neue Straßen an die Reihe und schließlich Atlantis, 28 Stockwerke hoch. Da sagten wir: Das also bitte nicht . . .“

Was dann kam, der Fackelmarsch über Westerlands Friedrichstraße, die Sit-ins, „alles hübsch, wie es sich gehört“ – es ist längst Geschichte nicht nur für Sylt, sondern für das gesamte ökologische Selbstverständnis in der Bundesrepublik als Signal eines Abschieds vom blindwütigen Fortschrittsglauben um jeden Preis. Geschichte, wie damals „Atlantis" im praktisch allerletzten Augenblick verhindert wurde, Geschichte der damalige – und bislang einmalige – Schulterschluß zwischen der Bürgerinitiative, aus der die „Naturschutzgemeinschaft Sylt/NF" hervorgehen sollte, und der alteingesessenen, streng konser-

„Ich bin eine Art unangenehme Notwendigkeit"

vativen „Söl'ring Foriining": „Die Natur kennt nicht Begriffe wie ‚links' und ‚rechts'." Klara Enss hallten aber von der betroffenen Unternehmer-Seite Schmähungen hinterher, von denen „Sylter Klara Zetkin" und „Naturschutz-Klärchen" noch die harmlosesten waren.

Oscar Wildes Bonmot, in der Wahl seiner Feinde könne man nicht vorsichtig genug sein, zählt für sie nicht. Eher murmelt sie: „Gott schütze mich vor meinen Freunden!" und spricht von den jungen Mitstreitern aus der Naturschutz-Szene, die sie „kleine Wilde, aber produktive Wilde" nennt: „Ein junger Mensch muß auch mal übers Ziel hinausschießen dürfen, ohne gleich als Anarchist und Bombenschmeißer abgestempelt zu werden." In diesen Kreisen ist Klara Enss fast eine Kultfigur. Daß sie aber das eine wie das andere provoziert, extreme Ablehnung wie extreme Zustimmung, Bundesverdienstkreuz und ins Haus gesandte Rosensträuße gleichermaßen wie anonyme Drohungen: das liegt nicht nur an der Sache. Es liegt auch an ihr selbst. Persönlichkeit ist allemal Provokation, und noch so wahre Wahrheiten, mit der Dynamik eines Schnellfeuergewehrs hinausgeschleudert, fordern Abwehr heraus.

Dann droht auch eine Eigenmotorik, ein Engagement um des Engagements willen, das so unerbittlich denkt, weil es an vieles andere unerbittlich nicht denkt: Als Hans Siwik mit Klara Enss zu den Aufnahmen zum Strand hinuntergeht, treiben sie ein liegengebliebenes Fahrrad, einige Pferdespuren im Sand in eine aufbrausende Entrüstung, die einer wichtigeren Sache wert gewesen wäre. Und es droht die Einsamkeit einer Frau, deren Energie mehr abschreckt als ermutigt. Dann mag es Stunden geben, in denen sie sich vielleicht selbst nicht ganz versteht: „Ich bin eigentlich ein kontemplativer Mensch . . ." Und sie seufzt in der Erinnerung an ihre extrem pazifistischen Mennoniten-Vorfahren aus dem Danziger Raum: „Ich habe nie verstanden, warum ein Gegner ein Feind sein muß und warum man sich immer gleich die Köpfe einschlägt." Einmal allerdings entschlüpft ihr: „Ich stand wieder mal, wie sich's gehört, zwischen allen Fronten."

Dazu hat sie in der Tat ungewöhnlich viel Talent. Wer im heutigen Sylt ihr Freund ist, wer ihr Feind, ist kaum auszumachen. Wir haben über sie Negatives von solchen Menschen gehört, die ihr eigentlich nahestehen müßten, und Zustimmung, fast Bewunderung von anderen, die eigentlich ihre Gegner sind. Gewiß aber haben nicht die in Klara Enss eine Parteigängerin, die „Sylt den Syltern!" schreien: „Durch ihre Landverkäufe sind die Sylter selbst schuld am heutigen Zustand der Insel geworden." Und sie grübelt über die Friesenart nach, Fremdeinflüsse gleichermaßen abzulehnen wie herbeizusehnen, um nur ja nicht altmodisch zu wirken: „Menschen, die so lange abgekapselt waren, fühlen einfach, daß sie Anschluß brauchen an die Moderne, und gehen mit fliegenden Fahnen auf alles Neue los. Menschen aus der Stadt haben es leichter. Die haben das schon hinter sich und wissen, wie schön manchmal Rückständigkeit sein kann." Und wieder ein tiefer Seufzer: „Man muß wohl erst ein Paradies hinter sich gelassen haben, um dorthin bewußt zurückkehren zu können."

Eine Frau zwischen den Lagern, eine, die sich manchmal fragt, ob sie es eigentlich nicht viel besser und bequemer haben könne, finanziell

„Man sagt mir oft: Schalt doch mal ab! Ich sage: Gern! Sehr gern! Nur müßtet ihr mal einschalten.“

unabhängig, wie sie ist, und die es wohl zutiefst gar nicht besser haben will und schon gar nicht bequem. Sie spricht von Sylt als der „Zauberinsel“, die sie einmal war; sie hofft darauf, daß es diese „Zauberinsel“ künftig wieder geben wird: „Wenn die Menschen doch nicht gleich bei

jedem Gast, der einmal ausbleibt, um ihre Existenz bangen würden!“ Und: „Die Berichterstattung orientiert sich viel zu stark am einstigen Schickimicki-Bild, und wenn die Schickeria andere Landeplätze findet, heißt es sofort: Mit Sylt ist es aus. Unsinn! Die unbeirrt treuen Gäste aus dem Mittelstand sind unsere Hoffnung. Die schlendern nicht durch Kampens Whisky-Straße. Die fahren lieber mit dem Rad über einen der schönsten Wanderwege überhaupt von Hörnum und List. Die gehen in Kammerkonzerte, hören sich Vorträge an. Wenn der Jet-set nicht mehr kommt, werden wir's verschmerzen.“ Sie lacht auf: „Sylt besteht auch ohne Karlchen weiter. Und auch ohne Klara Enss . . .“

Dieses Lachen könnte Schlußpunkt sein. Doch zuvor will ich noch ihre ganz persönliche Bilanz all ihrer Aktivitäten wissen. Eine erste Antwort kommt sofort: „Daß ich viele Freunde gefunden habe, echte Freunde.“ Und die nicht so positive Seite?

Eine lange Pause folgt. Klara Enss wirkt plötzlich müde, älter. Sie hat sich vorgelehnt, stützt die zur Faust geballte Hand unters Kinn, und nur sehr langsam, zögernd kommt die Antwort: „Ich habe vorher nicht gewußt, zu welcher Feindseligkeit der Mensch fähig ist, wenn er sich in seinem Ehrgeiz, seiner Eitelkeit, seiner Habgier bedroht sieht, wie dann bei manchen Leuten alle ethischen Sicherungen durchschlagen können . . . das hatte ich so noch nicht erlebt . . . nicht als Geschäftsfrau . . . und nicht beim Theater.“

Sie versucht ein Lachen und spricht lieber von einstigen Gegnern, mit denen sie heute wieder harmonisch an einem Tisch sitzt, wenn es um die Erhaltung Sylts geht: „Gegen den damaligen Kurdirektor wurde mal sehr persönlich und ziemlich gemein geschossen. Da habe ich gesagt: Freunde, so geht das nicht! Dann wurde gegen mich sehr gemein geschossen, und der Kurdirektor sagte: So, Herrschaften, geht das nicht.“

Diese Geschichte freut sie, und mit erkennbarem Behagen definiert sie den eigenen Part im Sylter Rollenspiel: „Ich bin, glaube ich, ein Typ, wie man ihn manchmal auf den Höfen meiner Danziger Heimat fand, so ein Tante Lenchen, das sich um alles kümmert und allen auf die Nerven geht. Nur wenn sie nicht mehr da war, sagten alle: Schade! So schlimm war sie eigentlich doch nicht. Das bin ich hier auf Sylt, eine Art unangenehme Notwendigkeit.“ Und damit das nicht zu selbstmitleidig klingt, setzt sie rasch hinzu: „Daneben aber esse ich auch gern, lache gern, verreise gern, bin gern mit Freunden zusammen.“

Die gibt es also auch, die ganz private Klara Enss?

Die Antwort knallt wie ein Pistolenschuß: „Die gibt es auch. Die gibt es intensiv. Aber die, bitte schön, lassen wir mal hübsch außen vor!“

Maike Ossenbrüggen, Vermieterin

Zwei können das gleiche meinen, wollen, fast das gleiche tun, und dennoch sind ihre Wege ganz verschieden. Edda Raspés Weg hatte sie in die Politik geführt, fast bis nach Bonn. Traute Meier hingegen genügt zur politischen Betätigung die Zugehörigkeit zu einer Wählergemeinschaft, die sie selbst „ganz niedlich“ findet, und auch ihre Jugendfreundin Maike Ossenbrüggen hat es nicht so mit der Politik: „Bei zwei verschiedenen Richtungen ist gleich das Gespräch vorbei . . .“ Beide finden sich in der „Söl'ring Foriining“ zusammen, und dort ist man wiederum nicht gut auf Klara Enss' „Naturschutzgemeinschaft“ zu sprechen: „Die schützt doch die Natur kaputt!“ Auch Sylts Vereine sind „Inseln auf der Insel“.
Wir hatten Maike Ossenbrüggen kennengelernt, als wir einmal in einem der 50 von ihr verwalteten Appartements übernachteten, und sie hatte gefragt, ob frische Handtücher nötig seien, hatte auf der Schwelle gezögert, als erwarte sie noch irgendwas. Später erfahren wir, daß dies ihre Art von Gästebetreuung ist. Will einer das Gespräch, steht sie bereit. Bleibt er lieber für sich, zieht sie sich gleich wieder zurück. Die Frage nach den Handtüchern ist jeweils der hinreichend unverbindliche Aufhänger, und so wirkt sie denn der vielverbreiteten Meinung entgegen, den Syltern seien ihre Gäste eigentlich egal, und am liebsten hätten sie es, wenn diese Gäste zwar das Geld überweisen, im übrigen aber zu Hause bleiben würden. Das nun ist Maike Ossenbrüggens Weltsicht nicht, und sie fürchtet auch nicht die vielbeklagte Überfremdung, die Entwurzelung von friesischer Eigenart: „Uns haben die Gäste nicht so schrecklich verändert!“
Schrecklich ist es der Keitumer Landwirtstochter allerdings, wenn sie wieder einmal einen alten Hof in fremde Hände übergehen sieht, und dann ist es, „als ob ich einen Teil von mir selbst verliere“. So mag sie auch empfinden, wenn sie an dem Haus vorübergeht, das heute Wieland Wagners Witwe Gertrud bewohnt, Keitums erstes Appartementhaus überhaupt und davor Maike

„So schrecklich verändern uns die Gäste nicht“

Ossenbrüggens Elternhaus, Schauplatz einer Kindheit, die so eng, so ärmlich war wie die von Traute Meier – und genauso schön.
Auf der Straße störte kein Auto die Kinderspiele: „Das ganze Dorf gehörte uns.“ Hochdeutsch wurde von den Flüchtlingskindern gelernt, während daheim bei den Eltern nur Friesisch gesprochen wurde. Man war stolz darauf, ein Bauernkind zu sein und im Sommer auf dem Feld mithelfen zu dürfen, „vollwertig unter den Erwachsenen“, und der Stolz verflog nicht, als Maike Ossenbrüggen nach Realschulabschluß und Banklehre in Westerland für ein Jahr nach Hamburg übersiedelte: „Bis Husum habe ich im Zug geheult. Dann freute ich mich auf die Großstadt.“ Großstadt-Freuden, die es zu Hause nicht gegeben hatte: Bratwurst am Stand oder das halbe Pfund Fleischsalat ganz für sich allein. Daran denkt sie noch heute gern zurück. Doch kein Geld der Welt bringt sie wieder in die Stadt zurück: „Auf der Straße sagte keiner ‚Guten Tag!‘, und einmal hat mir einer seine Tasche in die Hacken gerannt, ich sagte ‚Entschuldigung‘, aber der hat gar nicht hingehört. So ist das in der Stadt.“
Mit dem inzwischen angetrauten Freund, heute

„Den Leuten geht es gut genug, um sich zu besinnen, daß sie eine Tradition haben.“

Geschäftsführer der „Söl'ring Foriining", war sie zurückgekehrt und hatte in Westerland ein 60-Betten-Hotel übernommen, ohne zuvor je selbst in einem Hotel gewohnt zu haben. Zwei Sommer ging das gut. Dann wurde „Haus Flora" verkauft. Und nicht nur das. Es war die Zeit der Landverkäufe, in denen Klara Enss die Wurzel alle Sylt-Übels sieht, und Klara Enss könnte sagen, was jetzt die ganz andere Maike Ossenbrüggen erzählt: „Der erste Acker ging für eine Zentralheizung weg, der zweite für ein Badezimmer. Reich ist keiner geworden. Das Geschäft haben die Banken und großen Gesellschaften gemacht."
Ist diese Zeit wirklich vorbei? Wäre das heute so nicht mehr denkbar? Maike Ossenbrüggen rührt ausführlich in der Teetasse: „Jeder ist anfällig, der einen Acker erbt." Sie selbst hat keinen Acker geerbt, sondern im letzten Jahr selber einen gekauft. Denn wieder war Sylter Boden feilgeboten worden, sie hatte den Zuständigen angefahren: „Du spinnst ja wohl!" und die Antwort bekommen: „Dann kannst ja du den Boden kaufen . . ." Das hatte sie dann getan, vier Hektar Wiesenland mit Schafen darauf, „ein bißchen vogelig" zwar, aber: „Dieses Wohlbefinden, über eine Wiese zu gehen, und die gehört einem selbst . . ."
Das mag dann Ausgleich sein zu der Arbeit für andere, deren Appartements sie betreut und wo sie beobachtet: „In Appartements zu wohnen statt in Pensionen, wurde Sitte, als die Gäste die Lust verloren, in Restaurants zu gehen; die einen, weil es ihnen zu teuer war, die anderen, weil sie in den Ferien nicht Schlips und Kragen tragen wollten. Aber der Trend wendet sich. Jetzt ist wieder das Zimmer mit Frühstück gefragt." Erneut neigt sich ihr roter Lockenkopf über die Teetasse: „Die Vereinsamung des einzelnen ist wohl schon so weit fortgeschritten, daß man sich gern wieder im Urlaub mit anderen zusammensetzt, und wenn es wildfremde Leute sind."
So versucht sie denn auf ihre Art, frische Handtücher unter dem Arm, dem Appartement-Tourismus etwas von seiner Anonymität zu nehmen, und hat zwischendurch noch den Atem zum gellenden Alarm, wenn wieder einmal ein Stück Land Bauboden oder die Keitumer Hauptstraße mit ihren alten Bäumen asphaltiert werden soll. Dann mobilisiert sie auch schon mal binnen eines Tages in konzertierter Aktion mit ihrer Freundin Traute Meier eine Unterschriftenaktion und kämpft ebenso engagiert um das Sylt ihrer Kindheit, wie sie sich in der „Söl'ring Foriining" für Friesentrachten, Volkstänze und vor allem für die friesische Muttersprache einsetzt: „In eine Tracht kann man jeden stecken. Aber die Sprache ist etwas Besonderes, das Intimste überhaupt." Und: „Mit Tanz und Tracht fange ich die Kinder ein, die Sprache ihrer Vorfahren zu lernen."
Sie versteht sich auf solche Rattenfängertricks. Und sie versteht sich auf die Motivation anderer für die Belange Sylts: „Das geht nicht am grünen Tisch. Man muß die Leute aus Kiel heranholen, und dann wird gewandert, das Dorf besichtigt, ein Kirchenkonzert gehört, Grünkohl gegessen. Dann begreifen die, was hier in Gefahr ist." Daß bei solchen Aktivitäten auf Sylt mehr Frauen als Männer das treibende Moment sind, will ihr nur logisch scheinen: „Von Männern wird Sachlichkeit verlangt. Wir Frauen aber mit unserer Emotion können sehr viel mehr in Bewegung bringen . . ."
Das ist nun auf Sylt ebenso Tradition wie Trachten, Tanz und Friesensprache. Denn die Frauen von Sylt und die von Keitum zumal: das war immer schon ein besonderes Kapitel in der Insel-Geschichte. Der Mann auf See, die Frau daheim auf dem Hof, jeder in seiner Welt, jeder auf sich selber angewiesen: das ist das altvertraute, von den natürlichen Bedingungen einer Seefahrer-Insel diktierte Rollenspiel zwischen den Geschlechtern, für die „Emanzipation" ein Fremdwort ist. Die Sylter Frau braucht sich nicht zu emanzipieren, sie ist es; und seltsam bleibt daran nur, wie getreulich sich dieses Muster bis in die Neuzeit fortsetzt. Eine typisch „Sylter Frau", selbstbewußt und eigensinnig, kann auch sein, wer in Stade geboren wurde wie Edda Raspé, in Danzig wie Klara Enss oder im Ruhrgebiet wie Keitums Buchhändlerin Hildegard Schwarz.

Hildegard Schwarz, Buchhändlerin

Manchmal trägt sie weiße Handschuhe, und die Brille rutscht ihr meistens auf die Nasenspitze. Über die Ränder hinweg späht sie dann von ihrem Stammplatz zur Kundschaft hin, und zuweilen saugt sich ihr Blick an einem einzelnen Kunden fest. Sucht er etwas Bestimmtes? Oder nur irgendwas, etwas Leichtes für den Strand, den neuen Simmel, einen Konsalik? Das führt sie nicht, pardon, das kann sie nur bestellen, und das dauert einen Tag. Ob es nicht etwas anderes sein darf? Und Hildegard Schwarz macht sich auf die Suche.

Eigentlich schätzt man nicht diesen sehr deutschen Hochmut gegenüber allem, was nach Unterhaltung riecht. Selbst einmal der Buchhändlerzunft verbunden, hatte man die Arroganz mancher Kollegen zu fürchten gelernt, die jeden in analphabetische Abgründe verwiesen, der noch nicht den Klappentext vom neuen Walser oder Grass gelesen hatte. Doch Hildegard Schwarz, beteuert sie, treibt kein Bildungsdünkel. Sie sucht das Gespräch: „Natürlich kann ich einem Kunden irgendein Buch verkaufen. Aber ich bekomme lieber heraus, was er wirklich mag. Dazu muß ich mit ihm sprechen." Und gleich auch demonstriert sie, wie gut sie ihre Kunden kennt: „Herrn Barlog bringen Sie am besten etwas Historisches mit. Herrn Held . . ."

Für Barlog wie Martin Held ist der Weg zur Buchhandlung ein Gang zur Nachbarin. Und auch schon Gunter Sachs will man gesehen haben, wie er sich über das besonders reiche Sortiment an Kunstbänden gebeugt hat. Auf dieses Sortiment ist Hildegard Schwarz stolzer als auf die Stars in ihrer Stammkundschaft, deren Launen und gelegentliche Schwierigkeiten sie nicht fürchtet: „Schwierig bin ich selbst" – so schwierig wie ihr Schicksal.

Der Vater im NS-Widerstand, eine Kindheit im Schatten von Not und Verfolgung: Hildegard Schwarz beläßt es bei Andeutungen. Andeutungen auch nur für die Zeit bis '79, bevor sie nach Keitum kam und an der Stelle, wo einst eine alte Mühle gestanden hatte, ihre Buchhandlung gründete. Ein halbes Dutzend Berufe war vorausgegangen, und im Ruhrgebiet hatte sie ein Geschäft für Büro- und Schreibwaren gehabt. Aber auch vom Verlagsgeschäft versteht sie einiges und manches von Werbung und „umsatzmachender Dekoration". Das alles hatte sie beim Abenteuer Sylt gebrauchen können: „Etwas läppischer Buchhandel allein genügt nicht, um diese Insel in den Griff zu bekommen!"

„Irgendwie ist das ein irrer Laden"

Bis dahin hatte sie Sylt nur als alljährlicher Sommergast gekannt und sich in die Insel verliebt: „Aber Verliebtsein heißt nicht lieben." Liebe heißt Treue, Toleranz, und in diesem Sinn liebt sie heute diese Insel, „ihre Vielfalt, ihre ungeheuerliche Weite", und sie liebt selbst das typische Sylt-Publikum aller gelegentlichen Snobberei zum Trotz: „Sylt hat seine erzieherische Wirkung. Wer nur ein Snob ist und sonst nichts – na ja, den stößt die Insel wieder ab." Auch sie selbst will von Sylt erzogen worden sein, „zur Duldsamkeit und Großzügigkeit", und sie kennt Menschen, „die sind arm und leben bescheiden. Aber ihre Großzügigkeit macht sie zu Königen."

Vielleicht hat Sylt Hildegard Schwarz auch die Liebe zur Einsamkeit gelehrt. Stundenlang kann sie an den blühenden Wattwiesen entlanggehen,

„Bin ich im Ruhrgebiet, möchte ich die Nordsee hören und in Sylt ‚Glück auf'."

oder sie wandert zu den alten Bauernhöfen im Norden hin, „die kennt kein Mensch“. Gehen aber in den Sommermonaten die Geschäftswogen hoch, erlaubt sie sich zuvor eine Morgenstunde am Strand. Sorgsam wählt sie dafür eine Zeitschrift aus, die besonders weich sein muß. Denn sie will sie nicht lesen, sondern nur darauf liegen. Und als Lektüre darf es dann auch schon mal „ein richtig schöner scharfer Krimi“ sein. Gestärkt kehrt sie danach in den Geschäftstrubel zurück und stellt fest: „Irgendwie ist das ja hier ein irrer Laden.“

Ein bißchen „irre“ ist natürlich auch sie selbst, ob sie sich nun in den Kopf setzt, binnen eines Sommers von einem bestimmten Buch wenigstens 1000 Stück zu verkaufen oder plötzlich neben einem am Straßenrand hält und aus dem Autofenster hinausruft: „Ich habe Eis geholt – wollen Sie eines mitessen?“ Im Laden drängt sich die Kundschaft, dreimal wird nach dem neuesten Simmel gefragt: das stört nicht. Jetzt wird sich auf die Stufen gesetzt und Eis gegessen, während ein halbes Dutzend Katzen seidenweich um die Beine streicht. Im Hintergrund wacht aber in schweigsam lächelnder Gelassenheit Ehemann Helmut und hält, was es auch sei, bei seiner Frau für nicht völlig ausgeschlossen. Und zwischen zwei Löffeln Aprikoseneis will ich wissen, wer von beiden eigentlich der Chef sei. Hildegard Schwarz verschluckt sich vor Lachen, hustet und ruft hustend in den Hintergrund: „Helmut, erklär du das mal!“

Helmut Schwarz erklärt es nicht. Und vielleicht gibt es nichts zu erklären. Vielleicht steht es in dieser Ehe wie in vielen anderen auf Sylt, von denen Maike Ossenbrüggen gesagt hatte: „Ein Sylter hat keine Komplexe, wenn seine Frau tüchtig ist!“ Hildegard Schwarz ist tüchtig, zweifellos, und sie ist Sylterin, auch wenn sie das selber leugnet: „Mich so zu nennen, steht mir nicht zu.“ Aber Sylt mitsamt seinen spröden Schönheiten, seinen Eigenwilligkeiten und mitsamt seinen kräftigen Schrullen, ist Teil ihres Wesens geworden, und sehr „sylterisch“ wirkt, wenn Hildegard Schwarz gesteht, auf der Insel vom Heimweh nach dem Festland geplagt zu werden und auf dem Festland von der Sehnsucht nach Sylt: „Zwischen Rhein und Ruhr möchte ich am liebsten die Nordsee rauschen hören und hier auf Sylt den Ruf ‚Glück auf‘.“

Neben dem Buchgeschäft liegt noch eine kleine Galerie, auch sie eine Gründung von Hildegard Schwarz, als ihr der Malerfreund Siegward Sprotte ein Bild gebracht und knapp gesagt hatte: „Das hängst du auf.“ Der eine Künstler hatte andere nachgezogen, und heute sind viele stolz darauf, „daß bei mir ihre Bilder hängen“. Mitten im Raum plätschert ein kleiner Brunnen zwischen üppigen Blumenarrangements, die einen weiteren Lebenstraum verraten: einmal Floristin sein, in Morsum vielleicht, und das wäre dann ihr neunter oder zehnter Beruf.

Einen weiteren übt sie hier schon aus: Die Buchhändlerin ist zugleich Verlegerin, und bezeichnend mag wiederum die Gründung des Verlags sein, nicht am grünen Verhandlungstisch, sondern unter dem Weihnachtsbaum, wohin sie ihrem Mann das selbstverfertigte Layout eines Sylt-Kalenders gelegt hatte. Der Kalender war das erste Verlagsprojekt geworden, „ein bißchen irre“ mal wieder und recht erfolgreich. Inzwischen erscheinen zwei Titel pro Jahr und finden nicht nur auf der Insel Anklang. Schwarz-Bücher, meldet sie stolz, verkaufen sich inzwischen auch im Rheinland wie im Sauerland, und ein „richtiger Renner“ ist auch schon dabei, sorgsam gebunden und liebevoll mit selbstgeschossenen Fotos illustriert, ein „Sinfoniekonzert“ aus plattdeutschen Gedichten. Der Name des Autors hat internationalen Klang: Boy Lornsen, Kinderbuchautor aus Keitum, der Vater von „Jakobus Nimmersatt“ und von „Robby, Tobby und das Flütatüt“.

Boy Lornsen, Kinderbuchautor

Der Kater jagt den Spatzen und der Spitz den Kater. Spatz und Kater finden sich im Apfelbaum wieder, und nun ist der kleine Spatz im Vorteil. Er kann fliegen.

Dieses im kräftigen Sylter Platt gereimte Plädoyer für die Chancen der Schwachen ist Boy Lornsens Lieblingsgedicht. Er trägt es vor, wenn ihn in Österreich oder Bayern jemand bittet, einmal etwas in der „komischen Sprache“ aufzusagen, „die ihr da oben sprecht“. Dann also setzt er ein: „Hoch in de Kron vom Appelbom sit 'n Spatz und mokt Rabbatz . . .“

Die scharfe, helle Friesenstimme ist zum magischen Raunen abgesunken, und der dunkel stechende Blick unter den buschigen Brauen schweift dann ebenso belustigt durch den Raum wie jetzt, da wir ihm in seinem Keitumer Wohnzimmer gegenübersitzen. Er gibt sich locker und wirkt doch streng, fast wie ein Lehrer alter Art, ein Oberstudienrat am humanistischen Gymnasium vielleicht, den man nicht gern vor sich hätte, wenn man seine Vokabeln nicht gelernt hat. Aber er ist Schriftsteller und einer der erfolgreichsten deutschen Kinderbuchautoren dazu, allerdings mit dem Schicksal vieler Dichter aus dem Norden: In Japan dürfte Lornsen bekannter sein als in seiner Heimat Sylt. Doch kann er sich trösten. Schon Hebbel und Storm ist es nicht anders gegangen.

Boy Lornsen schreibt nicht nur. Er liest auch. Bis zu 200mal pro anno versucht er dann bei diesen Lesungen, in jungen Menschen die Lust am Abenteuer Sprache zu wecken. Kehrt er aber von diesen Tourneen wieder auf seine Insel zurück, atmet er schon in Niebüll tief durch. Von der Nordsee weht Salzluft herüber, „und die Welt scheint nur noch Himmel zu sein. Es ist einfach schön, nach Sylt zurückzukehren.“ Fort von der Insel und wieder zurück: das war sein Lebensrhythmus fast von Anfang an.

In Keitum wurde er geboren und verlebte seine ersten sechs Jahre in einer dörflich heilen Welt, wo noch jeder jeden kannte, „wo man in jedes Haus gehen konnte, wenn man Hunger oder

„Wir Künstler kriechen hier zusammen“

Durst hatte, und wo noch durch die Allee die Bauern mit ihren Pferdewagen zockelten. Das Heu darauf fing sich in den Ästen, die Bäume hingen voll davon.“ Die frühen Bilder haben ihn nie verlassen, auch damals nicht, als der Vater, ein Lotse, nach Brunsbüttel versetzt wurde.

Jahrgang '22, die Kriegsgeneration, die auszulöffeln hatte, was ihr die Generation davor an Weltgeschichte eingebrockt hatte: für Boy Lornsen hieß das Notabitur, dann fünf Jahre Krieg, „ohne Verwundung oder Gefangenschaft, ich bin ganz glimpflich davongekommen“. Er hatte Journalist werden wollen, wurde aber Tischler, doch der Künstler spukte schon in ihm, der Bildhauer, der es dann, neben einem Studium in freier Plastik, bis zum Meistertitel brachte. Brunsbüttel, die zweite Heimat, nahm ihn wieder auf, und dort meißelte er in eigener Werkstatt Grabsteine, sein Brotberuf und nicht der wahre Lebenstraum.

Doch könnte das seinen Blick für die grotesken Widersprüche dieser Welt geschärft haben. Als '55 über die Bundesrepublik nach allem amtlich verordneten Pazifismus dennoch die Wiederbewaffnung hereinbrach, setzte er sich hin und schrieb bitterböse Verse von den Rittern Kunz und Kunibert, die splitternackt aus verlorener

„Am Strand kann man Eiche finden und wenn man Glück hat, einen ganzen Block Lindenholz . . .“

Schlacht zurückgekehrt waren und sich gleich wieder in die neue Rüstung werfen: „Komisch. Wenn ich böse bin, fallen mir Gedichte ein."

Gerade ist wieder ein neuer Gedichtband erschienen, „Das alte Schwein lebt immer noch", satirische Reime aus „Boy Lornsens Tierleben", und sie weisen ihn als das aus, wozu ihn Kriegserlebnis und Nachkriegszeit gemacht haben, als radikalen Demokraten, „der nicht rechts, nicht links ist, nicht oben und nicht unten, der aber auf die nächste Barrikade steigt, wenn Demokratie mißbraucht wird". In seinen Kinderbüchern schlägt er sanftere Töne an, obwohl sich der zweifache Großvater gar nicht so sicher ist, ob er Kinder eigentlich besonders mag: „Ich bin kein sonniger Opa-Typ, der alles Glück der Erde auf seine Enkel niederströmen sehen will. Manche Kinder mag ich und manche nicht." Eilig fällt ihm seine Frau, eine quirlig blonde Oberschlesierin, ins Wort: „Du magst Menschen allgemein . . ."

Jedenfalls beobachtet er sie. Und in den 60ern beobachtete er die eigenen Kinder, wie sie aus einer Seifenkiste ein Raumschiff bastelten, ihre Teddys zu Astronauten erklärten und zum fachgerechten Countdown ansetzten: „Ten . . ., nine . . ., eight . . ." Lornsen begriff: „Dieser Brükkenschlag von Kinderphantasie zu moderner Technik hatte eine neue Art von Poesie." Die Idee zu einem Buch war geboren, das bis heute sein bekanntestes blieb, der kleine Kinderklassiker „Robby, Toby und das Flütatüt". Lornsen, mit dem Deutschen Jugendbuchpreis ausgezeichnet, fand sich damit in einer Kinderbuchszenerie wieder, die sich gerade auf sich selbst und ihre Möglichkeiten besann, jenseits von „Häschenschule", „Vogelhochzeit" und „Hänschen im Blaubeerwald".

Astrid Lindgrens kesse Göre Pippi Langstrumpf war voranmarschiert. Autoren wie James Krüss, Otfried Preußler und Hansgeorg Noack hatten neue Maßstäbe gesetzt. Der spätere „Momo"-Poet Michael Ende holte zu ersten unendlichen Kindergeschichten aus, und einige Zeit galt „Boy Lornsen" als Ende-Pseudonym. Doch hatte der Poet aus Sylt längst den eigenen Klang gefunden, ohne „Trotzköpfchen"-Häkelei, aber auch ohne das sozialkritisch aufdröhnende Links-Engagement, das in der Kinderliteratur der 70er Jahre im Zug der unseligen antiautoritären Nicht-Erziehung krampfige Mode wurde. Dagegen setzte Lornsen sogar ein bewußtes „Anti-Buch", wo ein Polizist einmal nicht der böse „Bulle" war, und dieses Buch war zugleich ein Gruß an die Keitumer Heimat gewesen. Denn „Feuer um Mitternacht" hatte Keitum zum Schauplatz, wohin Lornsen, als erfolgreicher Schriftsteller frei von allen finanziellen Zwängen, Grabsteine zu meißeln, 1979 zurückgekehrt war und das Haus beziehen konnte, das schon seinen Großeltern gehört hatte.

Hätte es auch Teneriffa sein können oder das Tessin? Im Prinzip vielleicht, Lornsen will das nicht ausschließen. Aber es gab eben dieses Haus. Es gab die Erinnerungen, gab Sylt als unauslöschliche Urheimat. Es gab die Gräber der Familie: „Das alles hat mich zurückgezogen."

Wieder greift seine Frau ins Gespräch ein, erzählt vom Schwiegervater, der sich auf seinem Sterbelager von jedem Angehörigen einzeln mit einem Glas Champagner verabschiedet hatte. Im Leben wie im Tod bleibt es eben doch eine ganz einzige, eine besondere Welt, dieses Sylt „unter seinem Nolde-Himmel, den selbst die Sylter noch nicht haben zerstören können."

Der Seitenhieb gilt dem „anderen" Sylt, das Lornsen ebenso erbittert haßt, wie er „sein" Sylt unerbittlich liebt, diese Insel der „Immobilienfriesen", wie er sie nennt, „diesen ganzen verdammten Geldadel mit der Drittwohnung für die Viertfrau". Da wundert er sich denn, daß „vor Westerland noch die Nordsee liegt und sich das Meer nicht schon längst schamrot hinweggeschlichen hat, um das Elend an der Küste nicht länger sehen zu müssen", und sein Zorn sprüht nicht nur über das in seinen Augen „total verdorbene, durch nichts mehr zu rettende" Westerland nieder, sondern zielt gleichermaßen auf die „Betonmaschinen" in Hörnum und List, „diese architektonischen Kotzbrocken". Wie Pfeile fliegen solche Worte durch den Raum, und die Stimme dämpft sich erst wieder zum feierlichen Raunen, als er im exakten „Wanderer, kommst du nach Sparta"-Rhythmus sein ganz persönliches Sylt-Erlebnis weitergibt:

„Wenn du aber auf Sylt bist, mußt du von Keitum nach Morsum gehen. Das ist das schönste Bild von Sylt. Dann kannst du die Nordsee vergessen. Dieses Grün und diese Weite . . ."
Zwischen Ingrimm und Idyll balanciert wohl jeder, der mit der Wirklichkeit dieser Insel leben will, und ein jeder auf seine Art, kämpferisch entschlossen wie Klara Enss, Traute Meier und Boy Lornsens im Nachbarhaus lebende Kusine Maike Ossenbrüggen oder eben mehr aus der ironischen Distanz des Schriftstellers wie Lornsen selbst, der auch schon mal die Stimme gegen Sylter Auswüchse erhebt und dabei ungeniert die kleine Macht des prominenten Autors ausspielt: „Die wissen, daß ich jederzeit mit meinen Anliegen in die Zeitungen oder den Funk gehen kann." Der Spatz kann eben fliegen. Und unten am Baum kläffen die Hunde.
Lornsen grenzt sich ab. Er hat seine eigene kleine Welt entworfen und hält sie so heil wie möglich hinter dem rosenumbuschten Steinwall seines großväterlichen Hauses. Als Kind hatte er sich sein Spielzeug selbst gebastelt, einmal einen ganzen Bauernhof aus Ästen und Zweigen, und der Traum, Holz Ausdruck seiner Phantasien werden zu lassen, hat auch den 65jährigen noch nicht verlassen. Es zieht ihn zum Strand, wo er nach angeschwemmtem Holz Ausschau hält, und einmal hatte er Glück gehabt: Das Meer hatte einen Klotz Lindenholz zurückgegeben. Daraus wurde ein verschmitzt grinsender Rabe, „Jakobus Nimmersatt" geheißen, nach dem Titel eines Lornsen-Buches. Gerade wird es wiederaufgelegt, überarbeitet und mit neuem Untertitel: „Pfoten weg vom Donnerwald!"
Rabe Jakobus lächelt aber süffisant vom Lornsenschen Dachgiebel auf alle herunter, die sich bei seinem Dichtervater einstellen und in der Küche um den großen runden Holztisch versammeln. Der ist das Kommunikationszentrum, und viele haben schon daran gesessen, der vollbärtige Lew Kopelew, den im Wellenbad die Kinder anstaunten: „Bist du der Weihnachtsmann?", oder der Hausfreund Walter Jens und natürlich die bundesdeutsche Jugendbuchcrème von Achim Bröger bis Hans-Christian Kirsch. Schließlich die Künstler, die wie Lornsen auf Sylt zu Hause sind: „Wir kriechen hier zusammen."
Sie haben keinen Stammtisch und keine bestimmten Lokale. Das ist in ihrem Kreis nicht „in". Man besucht sich zu Hause und unterscheidet fein: „Wir haben keine Gäste. Wir haben Besuch." Gäste zahlen nämlich und sind damit ein Teil von jenem Sylt, mit dem man nichts gemein haben mochte. Wieder eine Insel auf der Insel, diese Intellektuellen von Sylt, und auch sie haben ihre Stars, ihre kleinen Rituale. Man trifft sich nicht im Landhaus Nösse oder in Kampens „Gogärtchen". Eher schon sieht man sich in der Buchhandlung von Hildegard Schwarz oder bei einer Vernissage in einer der vielen Galerien oder eben an Boy Lornsens Küchentisch. Oder man stellt sich in der Keitumer Kirche ein, wenn dort Keitums stiller Kantor Wilhelm Borstelmann zu seinen Abendmusiken bittet: Musik als große Trösterin, auch über den Beton und Lärm von Sylt.

Rantum

Wilhelm Borstelmann, Organist

Im Halblicht der Empore sitzt Wilhelm Borstelmann an seinem Instrument und greift in die Tasten. Die Orgel rauscht auf, und beim ersten Ton scheint sich der ganze Mann zu verändern, wirkt nun härter, sicherer, entschiedener als eben noch beim Gespräch in seinem kleinen Friesenhaus unten am Keitumer Kirchhügel. Dort war seine Stimme leise bis zur Unhörbarkeit gewesen, ein stiller Mann, der lieber schweigt als spricht. Und am liebsten Musik sprechen läßt.
Sein Spiel bricht ab. Wilhelm Borstelmann ist wieder der zurückhaltend in sich hineinhorchende Mann, der mit fast schüchterner Liebe von dieser Orgel erzählt: daß sie die Stiftung eines Tinnumer Kapitäns und vor recht genau 200 Jahren ein erstes Mal gespielt worden sei, zu Pfingsten 1787. Damals hätte sie 17 Register gehabt, heute seien es 38. Ob sie denn eine „gute Lunge" habe? Er lächelt und weiß, daß dies Bachs erste Frage beim Anblick einer Orgel war: „Ja, die hat sie!"
1787 hatte noch ein Dekret des dänischen Königs gegolten, wonach die Sylter vom Kriegsdienst befreit waren auf ewige Zeit, und das war der Grund gewesen, warum um 1800 Borstelmanns Vorfahren mütterlicherseits auf die Insel übergesiedelt waren. 60 Jahre später hatte dann Bismarck dieses Gesetz mit einem Federstrich kassiert, obgleich doch Recht hätte Recht bleiben müssen: „So ist das mit Verträgen, damals wie heute."
Im November zuvor ist die Mutter gestorben, und Wilhelm Borstelmann hatte sich auf dem Dachboden auf die Suche nach alten Dokumenten aus der Familiengeschichte gemacht. Dort fand sich dann manch Interessantes, zum Beispiel, daß schon um 1910 ein Bruder des Vaters die Schwester der Mutter geheiratet hatte. Der Vater selbst war erst 1928 nach zehn Jahren Argentinien auf die Insel gekommen, hatte die Leitung einer Sparkassenfiliale übernommen und daneben, wie heute der Sohn, ein wenig Landwirtschaft betrieben. Erinnerung: wie Wilhelm Borstelmann zusammen mit dem jüngeren Bruder Hans zu Füßen des Vaters gehockt und der Vater Banjo gespielt hatte. Das hatte er in Argentinien gelernt. Ein anderes, böses Erinnerungsbild: 1942 sieht Wilhelm Borstelmann den Vater ein letztes Mal. Der hat um diese Zeit ein halbes Jahr KZ hinter sich. Ein Prozeß findet statt, wegen staatsfeindlicher Äußerungen. Der Vater wird freigesprochen und nach dem Freispruch gleich wieder in „Schutzhaft" genommen. Anfang Oktober trifft eine Karte ein, in fremder Handschrift, der Vater sei wohlauf. Eine Woche später die Nachricht, er sei tot.
Selbst bei diesen Erinnerungen wird Borstelmann nicht lauter: „Das alles ging auf 1938 zurück, als ein Deich gebaut werden sollte und Land umgelegt wurde. Einige NS-Bonzen nutzten die Gelegenheit und versuchten sich auf Kosten anderer zu bereichern. Mein Vater hat dagegen prozessiert und den Prozeß gewonnen. Darauf haben die sich hinter unser Personal geklemmt, und einer hat ihn denunziert."
Kennt Borstelmann den Denunzianten? Ja, er kennt ihn. – Kommt er aus Sylt? Ja, er stammt aus Sylt. – Und wurde nach dem Krieg nicht zur Rechenschaft gezogen? Nein, der lief frei herum. – Aber heißt es nicht, die Insel sei dem Nationalsozialismus gegenüber bemerkenswert immun geblieben? Das sei wohl eine Mär: „Später will es immer niemand gewesen sein . . ." Und in ihm, dem Sohn – sind Ressentiments geblieben?
Plötzlich wird er heftig: „Es stört mich schon, wenn frühere Nazi-Bonzen wieder so großspurig

auftreten, als ob nichts gewesen sei. Ich sage nicht: Man soll mit denen machen, was die mit anderen gemacht haben. Aber wenigstens sollten die sich etwas zurückhalten!" Er sinkt wieder zurück, ist wieder leise bis zur Unhörbarkeit: „Ich weiß nicht, ob man sowas je ganz verarbeiten kann. Ich muß damit leben."
Er lebte damit, wurde noch bei Kriegsende als Soldat in Ostfriesland eingesetzt, war dann in die Heimat zurückgetippelt, hatte dort Landwirt-

„In der Musik ist man überall zu Hause"

schaft gelernt und schließlich einen Mentor in Paul Hasenclever gefunden, Bruder des in der Emigration durch Freitod geendeten Dramatikers Walter Hasenclever und für Borstelmann der Vater-Ersatz, der den jungen Mann an Literatur und Musik herangeführt hatte, „wohl das, was man einen guten Menschen nennt".
„Wer Musik kennt, ist überall zu Hause", hatte noch der eigene Vater gesagt und den Sohn zum Klavierspiel angehalten. Jetzt lernte Wilhelm Borstelmann das Orgelspiel, übernahm 1952 an der Keitumer St.-Severin-Kirche die freigewordene Organistenstelle, leitete einen Kinderchor und wurde von 1960 an Organisator der „Abendmusiken" von St. Severin.
24 Konzerte sind es jedes Jahr, von Ostern an und jeden Mittwoch. Für den Eintrittspreis von fünf bis zwölf Mark könnte man in der Großstadt kaum eine Kinokarte bekommen, und dennoch scheint sich Borstelmann etwas zu genieren: „Bei Spitzensachen wie den Trompete-Orgel-Konzerten von Ludwig Güttler und Friedrich Kircheis müssen wir auch schon mal 17 Mark nehmen . . ."
Es waren auch schon die Wiener Sängerknaben zu Gast, doch „Stars" im Glamoursinn jener, zu denen auch die heranströmen, die sonst ihren musikalischen Bedarf bei Wunschkonzert und Schlagerkiste decken, fehlen an diesen Abenden. Die Liste der Mitwirkenden verstrahlt soliden Insider-Glanz, und auch der Name „Borstelmann" erscheint dort. Doch ist Hans Borstelmann gemeint, der Bruder und Uhrmacher aus Westerland: „Der hat Musik studiert und ist viel besser als ich. Ich bin kein großer Spieler und könnte nicht Konzerte geben. Ich mache meinen Gottesdienst so recht und schlecht."
Nur zögernd gesteht er ein, daß er schon das eine und andere kleine Lied komponiert hat, und vielleicht spielt er diese Lieder hier auf dem schönen alten Flügel in seinem Wohnzimmer, ganz heimlich, nur mit sich selbst als Zuhörer. Und Bach, selbstverständlich, ist sein Lieblingskomponist, daneben Händel. Für einen Augenblick wird er eifrig, zieht Folianten hervor. Vor uns liegt eine Händel-Ausgabe des letzten Jahrhunderts, die er gerade antiquarisch erstanden hat, das Werk eines Meisters, der in Italien fast Italiener, in England fast zum Engländer wurde und doch immer Georg Friedrich Händel blieb, der Mann aus Halle: In der Musik ist man überall zu Hause . . .
Wilhelm Borstelmann ist politisch engagiert, marschiert im Ostermarsch, steht der Friedensbewegung nahe, wohl seine Art, mit den Schatten der Vergangenheit zu leben. Aber seine eigentliche Antwort auf sein ganz persönliches Schicksal gibt er doch wohl eher hier, auf der Empore von St. Severin, wenn er die Orgel aufrauschen läßt und seine Züge härter, seine Bewegungen so sicher und bestimmt werden wie an diesem Vormittag auf dem Kirchhügel von Keitum.
Wir sehen ihn noch einmal wieder. Er folgt einem Leichenzug, nickt kurz, dann ist er gleich wieder zwischen den anderen verschwunden. An diesem Tag wird ein 85jähriger zu Grabe getragen, der seiner Lebensgefährtin freiwillig in den Tod gefolgt war, und Keitums Pastor Traugott Giesen hatte ihm den Abschied gesprochen: „Du hast oft ein Beispiel gegeben, wie man mit Würde stark ist. Du hast uns das Beispiel verweigert, wie man mit Würde schwach sein kann . . ."

„Ich bin kein großer Spieler. Ich mache meinen Gottesdienst, so recht und schlecht.“

Traugott Giesen, Pastor

Freitod ist auf Sylt kein seltenes Lebensende. Manche kommen hierher, um zuvor noch einmal die Schönheit des Daseins zu schmecken. Andere ertragen das Dunkel eines Inselwinters nicht. Und Sylt gehört zu einem Kulturkreis, wo niemals, einzigartig im gesamten christlichen Europa, Freitod als die schwerste aller Sünden galt. Bedroht von den Elementen, in ständiger Todesnähe, hat der Mensch das Recht, aus einer Welt zu gehen, die ihm unerträglich wird. So der Nordfriesen-Glaube, und die christliche Kirche hatte ihn in stillschweigender Anpassungsfreude übernommen. Aber auch aus eigener Überzeugung würde Keitums Pastor Traugott Giesen keinem Selbstmörder das christliche Begräbnis verweigern: „Niemand hat mehr an Gott gelitten als er. Niemand ist einsamer gewesen. Wie oft bin ich in Berlin als einziger hinter einem Sarg hergegangen . . ."

In Berlin-Neukölln war er von 1965 bis 1975 60. Pastor seit 1912 gewesen. In Keitum ist er nun der 23. Pastor seit 1540, in Bonn geboren, aus rheinischer Familie, und rheinischer Esprit durchwirkt flockig-locker seine Rede. Von faulen Engeln spricht er, die schlimmer als fleißige Teufel seien, gesteht ungeniert, bei solchen Bonmots sein eigener bester Zuhörer zu sein, und räumt die Nähe der Kirche zum Theater ein: „Die ist mir lieber als ihre Nähe zum Supermarkt."

Wo aber steht sie hier im nordfriesischen Raum, dieser nur „spät und oberflächlich christianisierten Sphäre", die sich so schwer mit der modernen Aufklärung tut, nachdem sie die christliche Aufklärung übersprungen hatte, wie Thomas Mann einst mit boshaftem Seitenblick auf den friesischen Dichterbruder Theodor Storm formulierte? Eigentlich, meint Giesen und braucht noch etwas länger als gewöhnlich, seine Pfeife zu stopfen, eigentlich sei er Pastor gleich zweier Gemeinden, einmal der Urlauber im Sommer und dann eben der Alteingesessenen, die es hinnehmen würden, daß ihr Pastor in den Sommermonaten zunächst einmal für die Gäste da sei, so wie sie selbst dann ausschließlich für ihre Gäste leben und ihre eigenen Feste allesamt in den Winter verlegen, selbst noch den Tod: „Auf Sylt wird erst nach der Saison gestorben . . ."

Dann kommt der Winter. In ihrem 800 Jahre alten Gotteshaus versammeln sich die Keitumer, und ihr Pastor steht vor Menschen, die zwar zur Kirche gehören, aber nicht unbedingt in die Kirche gehen, die in ihr mehr die soziale Institution und weniger die Stätte seelischer Erbauung sehen und nur ungern die Lippen zum gemeinsamen Gebet öffnen: „Pastor, zwing uns nicht zu beten."

Traugott Giesen hat sie nicht gezwungen, aber in 12 Amtsjahren wenigstens dazu gebracht, beim sonntäglichen Vaterunser leise mitzumurmeln. Und nach dem Gottesdienst bittet er, wer kommen will, zur Kaffeerunde ins ausgebaute Dachgeschoß des Pastorats. Er eilt auch hin zu Geburtstagen, Jubiläen, Hochzeitstafeln. Denn wie gleichmütig er sonst der Kirche gegenübersteht: vom Pastor erwartet der Friese, daß er zur Stelle ist, ob nun getauft oder gestorben wird. Und nur manchmal leistet sich Traugott Giesen den kleinen Seufzer: „Selbst noch am Nacktstrand bin ich immer der Herr Pastor . . ."

Ein Sonntagvormittag gleich nach dem Gottesdienst: Rund 30 Leute sind hinüber ins Pastorat gekommen, es geht um Kontaktprobleme und Einsamkeit des einzelnen. Der Pastor gibt sich locker, duzt auch, wen er nicht kennt, hört der Dame zu, die es ein ganz persönliches Erfolgserlebnis nennt, wenn sie einmal jemand anspricht, lächelt dazu, weist lächelnd auf einen einzelnen

Herrn, der eben sein Single-Dasein beklagt hat: „Ihr beide habt doch das gleiche Problem. Ihr beide paßt doch zusammen!" Gott dort oben die alles bestimmende, allein entscheidende Macht? Traugott Giesen schüttelt den Kopf: Nein, Gott sei kein großer Bruder und weißer Riese, er sei auch kein Hüter irdischer Moral. „Einst hieß es: Wir müssen Gott versöhnen, mit Opfern oder im Gebet. Ich halte es mit Paulus: Laßt euch versöh-

„Selbst am Nacktstrand bin ich Pastor"

nen mit Gott! Ihr braucht ihn. Aber er braucht euch auch."

Das sagt er allerdings erst im Gespräch zu zweit, und später überlege ich, warum solch theologisch zugespitzten, gleichsam abgehobenen Formulierungen aus seinem Mund dennoch „natürlicher", selbstverständlicher, um nicht zu sagen: ehrlicher klingen als alle saloppe Schnodderei. Vielleicht, weil sie eben doch mehr dem eigentlichen Wesen und Denken dieses Mannes entsprechen, der mir beim Abschied sein Buch „Gott liebt dich und braucht dich", seine „366 Worte zum Weiterleben" mitgegeben und ein „Danke fürs Wahrgenommenwerden" hineingeschrieben hatte. Wahrgenommen werden als Mensch, verstanden werden als Pastor: das ist wohl das grundsätzliche Problem einer jeden Seelsorge auf Sylt.

Traugott Giesen marschiert im Ostermarsch mit, aber er läßt sich auch im „Gogärtchen" sehen. Er ist Gast an den Festtafeln der Einheimischen und bei Partys der Insel-Prominenz, ein Pastor für alle, für Fremde und Friesen, eingespannt zwischen Welten, die voneinander so entfernt sind wie der Cranach-Luther an der Wand seines Arbeitszimmers von den modernen Röttger-Graphiken in seinen Privaträumen. Und irgendwo dazwischen muß Raum für den Menschen Giesen bleiben, ohne Talar und Bäffchen, einer, den sein Vater „Traugott Heinrich" nannte, damit er sich, falls er Heide würde, Heinrich nennen könne, ein Mann, der vom Häuschen im Süden träumt, in das er sich zuweilen zurückziehen könnte, „nur so drei Wochen im Jahr, zwischen Neujahr und Biiken", und der seinen Urlaub auf der Nachbarinsel Amrum verbringt, wo ihn niemand als „Herr Pastor" kennt.

Er sieht gut aus, hat Charme und Charisma, ein brillanter Redner, in dessen Predigten kein Moralin träufelt. Das weiß der Friese zu schätzen. Und doch will scheinen, als finde er am ehesten bei denen Resonanz, die in der Regel keine notorischen Kirchgänger sind, bei den Intellektuellen der Insel, zu denen er schließlich selbst gehört. Die anderen nehmen ihren Pastor hin, wie hier schon seit tausend Jahren Christentum und Kirche hingenommen worden sind, ohne Zorn und ohne Eifer, und diese anderen hört man bei seinem Namen ein gelegentliches „Ja, der Traugott" murmeln, mit jener Toleranz im Unterton, die erstickender sein kann als jede offene Aggression. Sie lächeln, wenn ihr Pastor mitten im Gottesdienst ein Lutschbonbon aus der Tasche zieht und es mit beiläufiger Selbstverständlichkeit einem schreienden Kleinkind zusteckt. Sie sind einverstanden, wenn er nach einer Prominentenhochzeit den Blumenschmuck im Wert von einigen tausend Mark zugunsten von „Brot für die Welt" versteigert. Aber ob sie die Zeichen, die er damit setzen will, so verstehen werden, wie er sie verstanden wissen will: das bleibt die offene Frage, auch für ihn selbst.

So klingen denn im Gespräch hinter brillanter Fassade auch Verwundungen an, eine melancholische Nachdenklichkeit, die schließlich in den Stoßseufzer mündet: „Vielleicht bin ich schon zu angepaßt . . .", an diese Insel mit ihren Ecken und Kanten, Widersprüchen und Gegensätzen. Eine Anpassung, die ihm mehr Last als Lust sein mag, anders als bei einem anderen Mann, der sie mit allem Charme der geborenen Frohnatur betreibt: Manfred Wedemeyer im Sylter Klappholttal.

„Ich heiße Traugott Heinrich, und mein Vater meinte: Als Heide könnte ich mich ‚Heinrich' nennen . . ."

Manfred Wedemeyer, Akademie am Meer

Ins Klappholttal zwischen Kampen und List sollte man bei Sonnenschein fahren. Wir waren ein erstes Mal im Dezember dort, und das graue Winterlicht hatte den kleinen Holzhäusern eine Ahnung von Geisterstadt und trostlosem Verlassensein beigegeben. Sonne putzt jedoch das Klappholttal. Dann wirken die Häuser wie mit dem Aquarellstift zwischen die Dünen gewischt, und der Eindruck einer Mondlandschaft verliert sich wieder. Sonne paßt auch zu Manfred Wedemeyer, dem Direktor der „Akademie am Meer" seit 1971.

Eigentlich verstößt der untersetzte 50jährige mit dem tiefbraunen Teint gegen alle Regeln, nach denen auf Sylt Karriere gemacht wird. Er kommt vom Festland, aus Holstein, und er teilt nicht das manchmal nervende Sylter Selbstmitleid, jede Schuld an allen Übeln den bösen „Fremden" zuzuschieben. Schließlich war er selbst ein „Fremder", als er in den 60ern auf Sylt sein Ferienhaus gebaut, doch sein Geld weiterhin im Münchner Management eines amerikanischen Unternehmens verdient hatte. All das wurde ihm vergeben. Um diesen quicken Mann mit der flinken Suada muß etwas sein, was selbst Verstöße gegen Insel-Tabus verzeihlich macht.

Die Kurtaxe nennt er Strandräuberei, den angeblich eingeborenen Freiheitsdrang der Sylter frommen Selbstbetrug („Frei kann sich leicht fühlen, wer auf einer Insel lebt und den Amtmann fern in Tondern weiß"), und für den friesischen Nationalheiligen Pidder Lyng hält er nur ein Auflachen bereit. So war er denn auch hingegangen, als nach diesem Schlagetot eine Kaserne benannt werden sollte, hatte sich erkundigt, ob wirklich ein Pirat und Terrorist das geeignete Vorbild für Soldaten sei. Nein, vor Institutionen hat dieser Mann erfrischend geringen Respekt – und ist doch selber eine geworden, nachdem sich der studierte Nationalökonom und Doktor der Volkswirtschaft erst einmal von seinem Münchner Managersessel gelöst und ihn mit der amüsanteren Position eines Direktors der Heimvolkshochschule im Klappholttal vertauscht hatte: „Eigentlich bin ich ein Aussteiger."

Das wiederum paßt nicht schlecht zu dieser „Akademie am Meer". Denn schon ihr Gründer war, wenn man so will, ein „Aussteiger", der Hamburger Arzt Knud Ahlborn, der nach dem Ersten Weltkrieg nach Sylt gekommen war und vor sechs übriggebliebenen Militärbaracken gestanden hatte. Hier sollte weiterweben, was nach den Feuerstößen des großen Völkermordens vom Geist jener übriggeblieben war, die von der Jahrhundertwende an als „Wandervögel" oder in Ahlborns 1905 gegründetem „Hamburger Wanderverein" zu Klampfenklang durch die Auen gezogen waren, im Protest gegen wilhelminischen Bürgermief und imperialen Nationaldünkel, strikt pazifistisch, betont tolerant, keine „Spinner", sondern junge Menschen auf dem Weg zu einer neuen Ordnung über den Umweg der Natur, damals schon.

Über den Geist der Wandervögel kam der Ungeist von Langemarck. 16 000 ehemalige Wandervögel meldeten sich im Ersten Weltkrieg freiwillig, 4000 fielen, und über die Gräber von Verdun wehte des Wandervogel-Barden Walter Flex' ahnungsvoller Warnruf an die Wildgänse: „Habt acht! Habt acht! Die Welt ist voller Morden." Flex fiel 1917. Knud Ahlborn überlebte. Das Klappholttal wurde sein Lebenswerk. Aber die Lieder von damals, die Ideale von einst – sie wurden kein Bollwerk für die heranschäumende braune Flut. Pazifismus? Toleranz? Über dem Klappholttal wehte das Hakenkreuz.

Die Fahnen wurden wieder eingezogen. Die neue Zeit setzte ihre neuen Banner. Statt brauner Hemden trug nun der Zeitgenosse braune Haut, und die so nackt wie möglich. Das wurde das neue Markenzeichen vom Wirtschaftswunder-Sylt. Wußte noch jemand, daß das „Bad im Lichtkleid" eigentlich vom Klappholttal her auf der Insel eingeführt worden war? Die Akademie am Meer blieb, was sie auf Sylt schon immer war: eine Welt für sich, früher verlästert, jetzt mehr belächelt.

„In Bayern bin ich guter Bayer gewesen"

Knud Ahlborn, über 80 Jahre alt, verstand das alles nicht mehr ganz. Seine Ablösung wurde überfällig. Und in Manfred Wedemeyer stand ein ganz anderer Mann bereit, unverkrampft und undogmatisch, ein intellektueller Manager oder ein zum Management begabter Intellektueller, das bleibt sich letztlich gleich. Er verscheuchte allen Jugendherbergsdunst, beseitigte Anachronismen wie striktes Rauch- und Alkoholverbot („Früher wurde hier nur heimlich, dafür aber unheimlich gesoffen.") und lichtete das Veranstaltungsangebot auf: „Ich wurde mal gefragt, ob ich nicht ein Seminar über das Pan-Ideal bei Holtzapfel ansetzen wolle. Ich hatte keine Ahnung, wer das war. Aber ich ahnte, daß sich dafür auch kein anderer noch irgendwie interessiert."
Der Schritt vom sektiererisch verkarsteten Gralsheiligtum zur weltoffenen Bildungsstätte war getan. Lebenshilfe wird geboten, Walter Jens liest aus eigenen Werken, Dietmar Grieser plaudert von Schauplätzen der Weltliteratur. Und doch blieb die „Akademie am Meer" die Welt für sich, der Kontrast zum Sylter Treiben zwischen Strand und Disco-Sound. Wer hier seine Ferien in einem der spartanisch kargen Holzhäuschen verbringt und das Angebot an Seminaren, Exkursionen und Vorlesungen wahrnimmt, sucht Anregung, Bildungserlebnisse, den weiteren Horizont hinter allem Alltagsstreß. Und er sucht die Gemeinschaft. Wedemeyer wacht über sie mit urbanem Augenzwinkern, Manager und Mentor, kein Herbergsvater schrecklicher alter Art. Wenig verbindet ihn von Hause aus mit der Jugendbewegung. Doch sinnt er nach, was daran gut und erhaltenswert blieb, das einfache Leben zum Beispiel, das große Miteinander, der wechselseitige Respekt ohne Vorurteile: „Über dem Klappholttal hängt die Glocke Toleranz." Das alles schätzt man wieder, und das könnte der Akademie ihre Zukunft geben, als „kulturelle Oase in der von Technisierung bedrohten Welt".
Doch schafft sich Wedemeyer gleich auch noch seine ganz persönliche Oase mit der Flut seiner Publikationen, meist über Sylt, „meine Lebensgefährtin", manchmal über sein anderes Lieblingsthema, den „Trutz, blanke Hans"-Poeten Detlev von Liliencron, der sich überall, wo er gerade war, sein „Traumhaus" als eigentliche Heimat schuf, und das mag dann Wedemeyer zutiefst verwandschaftlich berühren, diesen Sylter aus Holstein, der „in Bayern ein guter Bayer" war und jetzt der beste Klappholttaler mit seinen in die Dünen geschmiegten „Traumhäuschen", wo es so altmodisch zugeht, „daß wir wieder ganz modern sind".
Zwischen diesen Häuschen windet sich ein Weg zum Strand hinunter. Dort unten wurde in jugendgewegter Vorzeit die allmorgendliche Frühgymnastik absolviert, im „Lichtkleid" natürlich. Dort hatte sich 1970 jenes gräßliche Badeunglück ereignet, dem vier Kinder zum Opfer gefallen waren. Darüber wird auf Sylt heute noch gemunkelt, und das war der dunkelste Punkt in der Geschichte des Klappholttals. Es hatte Untersuchungen gegeben, eine Gerichtsverhandlung. Und es gab darüber ein Hörspiel, das später zum Theaterstück wurde, „Strandgut". Sein Autor ist aber Dauergast im Klappholttal, wird von Manfred Wedemeyer „mein Hausdichter" genannt und stellt seinerseits auf die Frage nach seinem Insel-Selbstverständnis fest, er, Harald Mueller, sei kein Sylter: „Ich bin aus dem Klappholttal . . ."

„Sylt ist eine Enzyklopädie mit Anschauungsmaterial zu allem: Flora, Fauna, Geschichte, Brauchtum . . .“

Harald Mueller, Dramatiker

Noch ist es Frühjahr. Doch hat sich Harald Mueller schon seine Burg aus angeschwemmtem Holz gebaut, und im fahlen Nachmittagslicht wirkt sie wie ein Bollwerk gegen sommerliche Touristenfluten. Heute ist der Strand noch leer. Regen klatscht uns ins Gesicht, und Mueller spricht von seiner ostpreußischen Heimat im Memelland: „Als ich '67 Sylt für mich entdeckte, war das beinahe eine Rückkehr. An der Kurischen Nehrung ist es nicht so wild, nicht so rauh. Aber sonst sieht sie sehr ähnlich aus.“ Der Regen fällt dichter. Mueller schlägt den Kragen hoch: „Der Süden ist nichts für mich. Einmal habe ich es versucht, vier Wochen lang auf Teneriffa. Ich habe kaum eine Seite geschrieben und mich jeden Tag vollaufen lassen. Alles war zu bunt, zu laut. Und in der Großstadt kann ich auch nicht leben, die macht mir Angst mit all ihren Gesichtern, die Kleinstadt ebenfalls, wegen ihrer Enge. Aber Sylt macht frei von allen Ängsten.“

Wir wenden uns vom Strand ab, wo Muellers Stück „Strandgut“ angesiedelt war: Ein Ehepaar wartet darauf, daß die Flut die Leiche ihres Kindes wiedergibt. Und wir sprechen vom Tod, der hier so nahe sein kann wie das Leben: „Wo man sich selber intensiv erlebt, fühlt man sich auch dem Tod näher. Beider Einheit wird einem hier täglich bewußt, beim Anblick einer toten Möwe am Strand, eines Kaninchenkadavers in den Dünen.“

Angst und Tod sind Themen dieses Mannes, in seinem Werk wie Leben. Die Kindheit auf dem Dorf war noch Idyll. Dann kommt der Krieg. Der Junge sieht den Vater nur während der Fronturlaube, meist zur Weihnachtszeit, eine strahlende Erscheinung in Uniform mit der alljährlichen „Führergans“ unter dem Arm. Erst in den frühen 50ern trifft er ihn wieder, und aus dem soignierten Bankprokuristen, dem schimmernden Offizier ist ein Wrack geworden. Bei Kriegsende war er nach Schweden geflohen und sollte mit 3000 Mitgefangenen an die Sowjetunion ausgeliefert werden. Sie unternahmen einen Massenselbstmordversuch, der Vater schneidet sich die Pulsadern auf. Der Versuch mißlingt. Der Vater wird in Nervenheilanstalten untergebracht, schließlich in Holstein, wohin inzwischen die Familie geflüchtet war. Dort stirbt er an den Folgen eines Elektroschocks. Die Mutter bleibt mit drei Söhnen zurück, und dieser Mutter hat Mueller später in seinem Einakter „Stille Nacht“ ein Denkmal gesetzt, nicht ohne makabren Widerhaken: Eine alt gewordene Kleinbürgerin wartet im Heim auf den Tod und versteht den Aufsteiger-Sohn nicht mehr.

Muellers eigener Aufstieg war kein Senkrechtstart. Mueller durchzog deutsche Lande, als Bergmann, Hotelpage und Telefonist. Er nimmt Schauspielunterricht. Und wieder bricht der Tod in seine Existenz ein, als sein jüngerer Bruder in Kanada gräßlich verunglückt. Mueller ist die Schauspielerei verleidet. Er will nicht „für andere den Kasper machen“. Er beginnt zu schreiben, über Jahre ohne Erfolg. Er übersteht als Rezitator, findet beim Fernsehen Verwendung als Serienschreiber. Sein Durchbruch kommt dann so schockhaft plötzlich wie das meiste im Leben dieses Mannes.

Martin Walser wird auf ihn aufmerksam. Die Münchner Kammerspiele führen sein Schauspiel „Großer Wolf“ auf, ein Stück um Kinder im Vietnam-Krieg, und das Publikum horcht beim Anblick der holzschnitthaften Szenen, beim Klang dieser brutalen, wie hingehauenen Sprache auf. Nur ein halbes Jahr später folgt das zweite Stück, „Halbdeutsch“, wieder ein Erfolg.

Dramatiker Harald Mueller ist nun „in“, wird herumgereicht, verkehrt in Münchens Film- und Bühnenschickeria und stürzt sich, ein Unverwöhnter, den plötzlichen Erfolg gierig Schlürfender, „mit vollen Segeln ins Dolce Vita oder das, was der kleine Moritz darunter versteht . . .“ Sein Blick bleibt jedoch klar für die Widersprüche seines neuen Daseins: „Es war schon sehr drollig, als bei mir einmal ein Industriellentöchterchen vorfuhr, im Maserati, der nur mal eben vierzigtau-

„Sylt macht frei von Ängsten“

send Mark gekostet hatte. Sie selbst war gerade der DKP oder so beigetreten, und ich sollte ihr nun sagen, wie man sozialkritische Stücke schreibt . . .“

Plötzlich war alles aus. Eine Karriere, die eben noch in Dürrenmatt-Höhen zu führen schien, stockte. Mueller fand nicht die richtigen Themen, den modischen Drift. Er hatte bald „vom Kulturbetrieb die Schnauze ziemlich voll“. Und er erlebte nun die andere Seite jener Welt, auf die er sich eingelassen hatte, ihre eisige Abwendung von allem, was nicht gerade „in“ und erfolgreich ist. Er zog die Konsequenz und entschwand zwischen den Dünen des Klappholttals.

Aus dieser Zeit blieb ein Reizname. Er fällt erst, als wir abends am Lister Hafen bei Bier und Labskaus zusammensitzen: Franz Xaver Kroetz, der die Karriere machen sollte, die eigentlich alle von Mueller erwartet hatten. In einem bajuwarischen Gasthaus waren sich die Herren einmal begegnet und hatten beim Fingerhakeln ausgemacht, wer von beiden der bessere Dramatiker sei. Mueller liebt diese Geschichte, erzählt sie oft. Doch hatte sein Fingerhakel-Sieg nichts daran geändert, daß Kroetz der meistgespielte deutsche Autor wurde, er selbst jedoch in seinem Bretterhäuschen nahezu vergessen war.

Das Häuschen ist kaum größer als eine Telefonzelle: Bett, Stuhl, Schreibtisch, ein Schrank und an einem Nagel an der Wand die abgeschabte Ledertasche, mit der über der Schulter Mueller vor drei Jahren quer durch die deutschsprachige Theaterlandschaft gereist war, ein neues Stück darin, „Das Totenfloß“: „Ich war 50, ich mußte einfach versuchen, in den Betrieb zurückzukommen. Zehn Jahre später wäre es endgültig zu spät gewesen.“

Ein Jahrzehnt war vorausgegangen, in dem Mueller von Funk und Übersetzungen gelebt hatte, ein Außenseiter im Literaturbetrieb, eine blasse Erinnerung. Das Sylt des Klappholttals fing ihn auf: „Die Nähe des Meeres gibt das Gefühl für die wirklich zählenden Werte. Alles Unwichtige fällt von einem ab. Man sieht allerdings auch keinen Anlaß für Leistungen mehr, und das ist gefährlich für jede Kreativität.“

Sylt hatte ihm alte Ängste genommen. Es schuf neue: „In diesem Klima findet sich der Optimist in Euphorien wieder und der Pessimist in tiefster Depression.“ Diesen „Verstärkereffekt“ sollte Mueller in den frühen 80ern am eigenen Leib erfahren. Er versank in tiefer Depression, „sicher die Reaktion auf meine jahrelange Erfolglosigkeit“. Erinnerung an das grausige Ende des Vaters, Abwehr aller Psychopharmaka, Versuch einer eigenen Therapie: Mueller ging hinunter zur Strandsauna in List, die ein Sturm verschüttet hatte. Er schaufelte sie frei, Tag um Tag, karrte viele hundert Fuhren Sand zum Meer hinunter. Die Therapie wurde seine Rettung, der Blick wieder frei auf diese Insel, „die einer nur in den Griff bekommt, der ihre Freiräume mit Phantasie füllt und Phantasien strömen läßt“.

Muellers Phantasie strömte. Sylts Freiräume füllten sich mit Gestalten wie der Retortengeburt Itai, der Überlebenskampfmaschine Checker, dem Greis Kuckuck, der noch weiß, wie einst die Vögel sangen, und dem Mädchen Bjuti, das einen blutigen Klumpen Kind gebiert, sie alle Insassen auf dem „Totenfloß“, das nach dem atomaren Schlußknall den verseuchten Rhein hinunter zum angeblich verschont gebliebenen Xanten treibt. Auf seiner Rundreise hatte er 40

„Die Insel bekommt nur in den Griff, wer ihre Freiräume mit Phantasie füllt.“

Bühnen dieses Stück angeboten, und das Interesse war gering, bis sich die Katastrophe von Tschernobyl ereignete. Dieses eigentlich introvertierte, in seine Gestalten und ihre defekte Psyche hineinhorchende Stück mit seinen brockig-verqueren Dialogen war über Nacht das hochbrisante Stück Zeittheater geworden.
Zwei Dutzend Bühnen haben es gespielt. Rund 50 wollen es noch spielen, bis nach Moskau. Und der Autor ist nun wieder „in" wie schon einmal. Allerdings, mit dem Erfolg will er behutsamer, nicht so jungenhaft naiv umgehen: „Ich lasse mich nicht noch einmal verbraten . . ." Und müßte wissen, weiß wohl auch, wie wenig der einzelne innerhalb unserer verwalteten, von den Eitelkeiten und Profilneurosen ihrer Verwalter bestimmten Kulturlandschaft seinen eigenen Weg steuern kann.
Harald Mueller, der einsam streifende Wolf, der große Einzelne auf dem Sand von Sylt: bei der Begegnung verdichtet sich eher der Eindruck, dies sei Maske für die anderen und Schutzschicht für die eigene Verletzlichkeit. Dahinter aber flackert die Angst auf, ein zweites und nun ein letztes Mal die große Chance zu verpassen. Wieder kommt die Rede auf Kroetz, den brillanten Show-Mann und Selbstdarsteller, der weder den telegenen Sprung in den Löwenköfig scheut noch den Nackt-Auftritt in „Kir Royal". Solch perfektes Show-Bewußtsein fehlt dem kantigeren, ernsteren, ganz unverspielten Ostpreußen. Und in seine Stimme schleichen sich gehetzte Untertöne ein, als er von den Interviews spricht, die er fast unablässig gibt, von den Premieren, zu denen er eigentlich nicht und dann doch reist, vom Fernsehen, dessen Kameras ihm seit einem halben Jahr bei der Arbeit an seinem neuen Stück über die Schulter gucken: „Das alles muß sein. Sonst fällt man durch das Rost." Und er setzt auf Sylts stärkende Gegenkräfte: die Insel als Trutzburg wie unten am Strand seine Burg aus angeschwemmtem Holz.
In die Schreibmaschine ist ein Bogen eingespannt, und „Bonndeutsch" entsteht, ein Stück mit der bundesdeutschen Hauptstadt als Schauplatz, „wo 5000 Menschen bienenfleißig damit

beschäftigt sind, eigentlich nichts zu tun". Und der Schauplatz Sylt? Themen und Typen gibt es genug, zum Beispiel die Strandsauna Listland: „Die Menschen dort sind nun einmal nackt, ohne jedes Statussymbol am Körper, vielleicht mit einem Brilli im Ohr, einer Rolex am Handgelenk oder ein paar Goldklunkern um den Hals. Aber ihr Flugzeug, ihr Mercedes und Rolls sind fern, und nun müssen sie doch zeigen, was sie sind. Sie reden also. Sie reden, wo in welchem Lokal welcher Koch welche Sauce mit welchem Madeira abschmeckt. Oder wo man heutzutage noch überhaupt seinen Schmuck zeigen kann, nicht mehr auf Sylt und nirgends in Deutschland, höchstens noch in Florida. Das sind so die lebenswichtigen Themen einer bestimmten Schicht, das kommt in der Sauna zusammen, und das könnte ein Stück sein, Sylt unter Wasserdampf auf drei Holzbänken zusammengepreßt."

Günter Möbus, Strandsauna Listland

Sauna ist wohl Glaubens- oder wenigstens Ansichtssache. Jedenfalls hat mir noch niemand schlüssig erklären können, was daran so wunderbar sein soll, auch Günter Möbus nicht. Dafür verdanke ich dem Besitzer der Strandsauna Listland eine andere und wenigstens ebenso aufschlußreiche Erfahrung: daß ein einzelner mit Mut, Initiative und einer gehörigen Portion Chuzpe immer noch ureigene Ideen Wirklichkeit werden lassen kann, allen Widerständen und mancher Wahrscheinlichkeit zum Trotz.

Von den Sylter Freiräumen hatte Harald Mueller gesprochen, der zu Möbus' Freunden gehört wie manch andere Insel-Prominenz auch, von der Phantasie, die diese Räume füllen muß. Ihn hatte diese Phantasie auf das „Totenfloß" geführt, Möbus tut's weniger phantastisch. Er blieb zwischen den Lister Dünen, und dort steht nun diese Strandsauna mit ihren Holzkabinen, Duschen und Strandkörben, wo manche Stammgäste ihren gesamten Urlaub verbringen mit dem unendlichen Insel-Himmel darüber: Ein Sylter Freiraum ist gefüllt, und der ihn füllte, pfiffig und ruppig zugleich, gehört heute zum Insel-Bild wie Wintersturm und Sommerregen.

Der gebürtige Stuttgarter empfängt uns mit dem Charme eines Novembertags in der Rauhen Alb. Er mag Journalisten nicht, nachdem er einmal schlechte Erfahrungen mit einem Fernsehteam gemacht hatte. Die Herren waren erst so nett gewesen, dann hatte er einiges von der Prominenz in seiner Kundschaft erzählt, ganz vertraulich natürlich nur, und prompt waren all die klingenden Namen auf dem Bildschirm wiedergekehrt. Das also will er nicht noch mal erleben.

Wir können ihm versprechen, nicht nach Namen zu fragen, die ohnehin jeder kennt, und tatsächlich ist es uns herzlich gleichgültig, ob der nackte Herr dort eigentlich ein prominenter Fernsehplauderer und die ebenso nackte Dame eine bekannte Innenarchitektin ist. Etwas wohltuend Demokratisches liegt über diesem von splitternackten Gestalten bevölkerten Areal, und im Hintergrund schwappt in Jahrtausende lang geübter

„Zur Sauna gehöre ich irgendwie dazu"

Geduld das immer gleiche Meer, um über den Köpfen von Reich und Arm, Prominent und Unbekannt gleichermaßen bibbernd kalt zusammenzuschlagen.

Vielleicht glaubt uns Möbus unser Desinteresse an allem Who-is-who-Klatsch. Allmählich entwölkt sich das markant gekerbte Gesicht, und in den hellen, grünen Augen blinkt etwas wie Freundlichkeit auf. Fast wider Erwarten ist er doch noch zum Gespräch bereit, und wir hocken uns in den Vorraum der kleinsten Sauna, gleichsam der Urzelle der gesamten Anlage.

Eigentlich sei das ganze ja eine Schnapsidee gewesen, räumt er ein, damals um '70, als der Student der Wirtschaftswissenschaften auf Sylt als Bademeister gejobbt hatte und ihm von einem blauschlotternden Schwimmer zugerufen worden war, was an diesem Strand fehle, sei eine Sauna. Abends in der Kneipe hätte man darüber noch einmal gesprochen, und Möbus weiß selbst nicht genau, warum er plötzlich sagte: „Die Sauna mache ich!" Die Idee war damit geboren und nicht mehr rückgängig zu machen, auch nicht vom Hohngelächter im Gemeinderat: „Was soll denn das? Bei schönem Wetter geht keiner in die Sauna und bei schlechtem niemand an den

„Was soll das?, haben sie gesagt. Bei Sonne geht keiner in die Sauna, bei Regen keiner an den Strand!“

Strand!“ Möbus heute: „Es war mein Glück, kein Einheimischer zu sein. So haben die gedacht: Lassen wir mal den Spinner machen . . .“

Die erste Sauna entstand in Hörnum, eine weitere in Wenningstedt und schließlich diese hier in List. Nur in Rantum war ihm ein wachgewordener Konkurrent zuvorgekommen, und Möbus zeigte die Selbstbescheidung, an der man echte Meisterschaft erkennt. Er ließ ab von seiner ursprünglichen Vision eines gleichsam Sylt-dekkenden Sauna-Konzerns und begnügte sich mit der einen hier im Listland: „Sowas kann man nicht andere machen lassen. Man muß selber da sein.“

Möbus ist immer da, und das ist das eine kleine Geheimnis seines Erfolges. Man kann zwar seine Art nicht eben herzlich nennen, mit der er seine Gästeschar dirigiert: Hans Siwik, anders als ich ein Sauna-Fan, wird nie die Schimpfkanonade vergessen, die sich über ihm entlud, als er einmal sein eigenes Badeöl mitzubringen wagte, und einer braucht nicht erst ein Spanner zu sein, der sich einem weiblichen Single nähert, um von Möbus auf den rechten Weg der Tugend zurückgewiesen zu werden. Doch hat die Grobheit Methode: „Ich weiß, viele finden mich ziemlich muffig. Aber das ist mein Image, und so bin ich nun mal . . .“ So ist er nun mal, und so wird er offensichtlich akzeptiert.

„Unser Günter kommt in Ihr Buch?“, schmachtet später eine Dame, deren Handgeschmeide nicht eben auf die Herkunft aus einem Armenhaus schließen läßt. In den Reichen dieser Welt muß eine gehörige Portion Masochismus stecken, der sie Rauhbauzigkeit als prickelnd erfrischende Abwechslung empfinden läßt. Und Möbus ist eben nicht nur ruppig, sondern kann sehr liebenswürdig sein, immer in wohldosierter Mischung. Dann lädt er etwas an schönen Sonnenabenden zu Maultaschen oder finnischen Spezialitäten ein, denn Kochen ist ohnehin sein Hobby, und im übrigen hat er erkannt: „Das Nebenbei und Drumherum ist fast noch wichtiger als die Sauna selbst . . .“

Etwas ebenso Wichtiges hat er erst im Lauf der Jahre erkannt: „Das Meer ist oft zu kalt zum Baden. Das geht dann nur, wenn man vorher oder gleich nachher in der Sauna war.“ Und das ist dann die eigentliche Bedeutung seines Unternehmens für Sylt: „Alle wollen die Saison verlängern. Dafür kann die Sauna wichtig sein. Aber keiner will das erkennen.“

Der Stoßseufzer zielt auf die norddeutsche Zurückhaltung, mit der das schwäbische Temperament seine Schwierigkeiten hat. Man duldet Möbus. Aber man unterstützt ihn nicht. Er blieb der Einzelgänger, der sich noch nie sehr kräftig um Vorschriften scherte, sondern lieber nach dem Grundsatz vorgeht: „Wer nicht anfängt, wird nicht fertig!“ Möbus hat immer erst angefangen, dann gefragt und damit selbst vor den Augen passionierter Naturschützer bestanden: „Sehen Sie sich die Dünen an! Keine anderen sind so gut erhalten. Und als sie eingezäunt werden sollten mit scheußlichem Stacheldraht, habe ich lieber rasch selbst Zäune gezogen. Aber mit schönem, glatten Eisendraht.“

In solche Worte mischen sich eulenspiegelhafte Genugtuung über einen wieder einmal gelungenen Coup mit dem Stolz auf ein Werk, das ganz und gar seine Schöpfung ist. „Zur Sauna gehöre ich irgendwie dazu“, meint er und läßt den grünen Blick fast zärtlich über die Anlage streifen. Sie ist sein Beruf, der Skilauf im Winter sein Hobby. Und seine ganz private Leidenschaft, bei der dann alle Ruppigkeit verfliegt, dürften seine beiden kleinen Buben aus zweiter Ehe sein. Die sind auf Sylt geboren und „richtige Friesen“, während ihr Vater wohl der richtige Schwabe geblieben ist, mit allem, was den Schwaben ausmacht. Das erfahren wir zum Schluß, als wir ihm sagen, unser nächster Gesprächspartner würde sein Landsmann sein, der Gastronom Jörg Müller. Da holt er prompt zur Korrektur aus, erklärt mit aller lokalpatriotischen Entschiedenheit, die klare Grenzen zieht: „Der Müller? Der ischt koi Schwob. Hano, der ischt Badenser . . .“ Und der kommt wohl auch nicht in die Sauna.

Jörg Müller, Koch und Gastronom

Jene Revolution, die vor Jahren über deutsche Töpfe kam und hiesige Küche aus preußischer Kargheit und kulinarischem Dämmerschlaf aufscheuchte, hat manche Salzkartoffel- und Boulettenkategorie durcheinandergewirbelt. An manche Erkenntnis aus uralter Zeit hat allerdings auch sie nicht rühren können. Zum Beispiel daran, daß Spinat gesund ist.
Das ist jedenfalls unser Schluß, als wir am frühen Nachmittag ins Morsumer Landhaus Nösse kommen und seinen Pächter Jörg Müller antreffen, wie er gerade seine einjährige Tochter füttert. Er füttert sie mit Spinat. Denn Spinat ist gesund. Und Müller geniert sich dann auch keinen Augenblick, schnipst ein winziges Blättchen vom sonst blütenweißen Habit und gesteht später in aller Gelassenheit ein, zu seinen eigenen Lieblingsspeisen würden Pellkartoffeln mit angemachtem Quark gehören. Ein solches Wort aber aus dem Mund von Sylts Koch Nummer eins und Zwei-Sterne-Gastronom: allein das ist schon den Trip von Westerland nach Morsum wert.
Man kommt nicht erst in das einsame Haus am Meer, seit dort Jörg Müller residiert. Sonntags Kaffee und Kuchen bei Nösse gehört zu vielen Sylter Kindheitserinnerungen. Aber eben nur als Erinnerung, seit das alte Café Nösse einem Brand zum Opfer fiel. Nur eine Ruine war geblieben, bis in den frühen 80er Jahren ein junger Mann aus Freiburg davorstand und gedankenschwer seinen martialischen Schnauzbart zwirbelte. Er war ein erstes Mal auf Sylt, und über der Insel lag „eitel Sonnenschein“. Aber der Schwarzwälder Jörg Müller sah nicht das Meer und nicht den Strand. Er sah überfüllte Lokale und hungrige Gäste, die auf einen freien Platz warteten. Ein Sylter Freiraum war entdeckt. Müller hatte sein Konzept. Es sollte nicht ein Ausflugslokal mehr geben, sondern ein Restaurant, das „wenigstens so gut wie die Spitze war, die es damals auf der Insel gab, und vielleicht noch etwas besser“. Kurz und alpin: „Die Insel sollte einen neuen Gipfel bekommen.“

„Spitze sein und vielleicht noch etwas mehr“

Daß in nur fünf Jahren Müller diesen Gipfel bis zu einer Höhe erklomm, von der aus er heute nach allen Sternen greifen kann und auch nach allen Kochlöffeln, Kochmützen und Wertungspunkten, die Varta, Aral, Guide Michelin und Gault Millau zu vergeben haben: das ist nun schon ein Stück kulinarischer Inselgeschichte. Die professionellen Feinschmecker sind allesamt im Landhaus Nösse aufmarschiert, und ihre Daumen zeigten nach oben: Abitur bestanden, weiter so! Und nur ganz leise seufzt der also Ausgezeichnete: „Es ist schon ein ganz schöner Druck, wie ein Langstreckenläufer nach Punkten bemessen zu werden . . .“
Dafür darf sich Langstreckenkoch Müller in den Medien als ein „Großer seines Metiers“ gefeiert sehen, und im Fernsehen ist er auch schon gewesen, in der Serie „Essen wie Gott in Deutschland“. Dort hatte er Lammstrudel zubereitet und eingelegten Ziegenkäse als Dessert. Als Vorspeise hatte es aber Muschelteigtaschen gegeben, seine ganz besondere und ureigene Erfindung, geboren aus der Überlegung vor jeder neuen Müller-Kreation: „Ich sehe mir die Produkte der jeweiligen Jahreszeit an und denke: Was mache ich damit, was nicht jeder andere macht?“

„Wenn man Erfolg hat, ist es überall schön, im Schwarzwald oder an der Nordsee.“

Mit dem heute wieder üblichen Understatement nennt Müller seine Küche „schmackhaft, sauber und natürlich“ und hält nichts von der Speisekarten-Schmockerei, schlichte Hausmannskost hinter bombastischen Titulaturen zu verstecken. Zwar läßt er Toleranz walten: „Jeder verkauft sich auf seine Weise, der eine geschwollen, der andere kurz und bündig“, aber er selbst macht es eben kurz und bündig: „Wenn es Lammrücken in Kräuterkruste gibt, steht auf der Karte ‚Lammrücken in Kräuterkruste‘.“ Und so hatte er es schon gehalten, als er noch Chefkoch in den Wertheimer „Schweizer Stuben“ war.

Denn natürlich kommt der Aufstieg des Freiburger Gastwirtssohns nicht von ungefähr. Jahrelanges Training ist vorangegangen, und die Pike, von der an er sein Metier gelernt hat, stand immerhin in der Schweiz, in Griechenland und in Großbritannien. Klingende Namen als Markstein seiner Lehr- und Wanderjahre: das Dorchester in London und das Carlton in St. Moritz und das Miramar Beach in Korfu und schließlich jene „Schweizer Stuben“, die nach nur zwei Jahren Müller-Regiment dem Guide Michelin zwei Sterne wert gewesen waren: „Ich hatte das Glück, daß mein Chef nie ganz zufrieden war. Er fand jede Kreation zunächst ganz toll und verlangte zwei Tage später eine neue und noch tollere . . .“

Ob es dieser Chef auch so toll fand, daß die Gäste nicht mehr von den „Schweizer Stuben“, sondern nur noch von „Müller“ sprachen, wo man gegessen haben sollte, verrät er nicht. Dafür hat der Hinweis auf seinen damaligen Chef etwas anderes verraten: Müllers eisenharten Willen zum Erfolg. „Wer heute etwas sein will, muß mehr zeigen als andere . . .“, sagt er, und sein melodisch plätscherndes Badisch knirscht dann geradezu vor Leistungswillen. Aber er hat ihm den Erfolg gebracht, damals in Wertheim und hier nun in Morsum, wo zunächst noch gewettet wurde, ob Müller wohl einen Sommer durchhält oder zwei. Das alte Sylter Lied: Der „Fremde“ muß sich erst einmal bewähren – und bleibt dann immer noch ein Fremder.

Auch Jörg Müller ist kein Sylter geworden. Er mag die Insel, begründet seine Sympathie mit seinem Sternzeichen: „Fische mögen einsame Häuser und einsame Inseln.“ Aber zugleich sagt er: „Ich habe keine Zeit für Heimweh“ oder auch: „Würde es mir schlecht gehen, würde ich vielleicht eher denken: Wie schön kann doch der Schwarzwald sein.“ Es geht ihm gut. Denn er hat Erfolg. Und dann mag es ihm wirklich gleich sein, ob sein samtener Bernhardinerblick über Nordseewellen oder Tannenspitzen schweift. Am liebsten schweift er wohl ohnehin über ein vollbesetztes Lokal. Und das ist im Landhaus Nösse jeden Tag der Fall: Wagen fahren vor. Ein befrackter Empfangschef empfängt die ersten Gäste und geleitet sie in die dezent getönten Räume. Blumenschmuck leuchtet auf den Tischen, wo jetzt nicht Spinat serviert wird, sondern Sylter Meeräsche oder gefüllter Ochsenschwanz oder pochiertes Kalbsfilet. Und vielleicht werden die Gäste später einmal von den Abenden „bei Nösse“ schwärmen wie andere von Nösses Kaffee- und Kuchenzeit. Denn auch das jüngste Kapitel in der Nösse-Geschichte mit dem Stempel „Jörg Müller“ darauf ist fast schon Erinnerung.

Ein weiterer Freiraum tut sich auf: Von 1988 an residiert Jörg Müller ganzjährig in Westerlands Süderstraße, mit einem Gourmet-Shop, mit dem Luxusrestaurant „Bei Jörg“ und dem gutbürgerlichen „Pesel“, wo es Rahmschnitzel gibt oder Lammragout oder Kochfisch, „fein gekocht natürlich“. Und weiterhin hält sich der Meister an die Tradition aus der elterlichen Gastwirtschaft, wo Obst und Gemüse im eigenen Garten angebaut wurden: Auch er zieht hin zu den Erzeugern, kauft dort eigenhändig Fleisch und Gemüse und die Muscheln für seine berühmten Teigtaschen. Die bekommt er in Munkmarsch beim Fischer Johann Rönnebeck, der auf seine Weise nicht weniger professionelles Selbstbewußtsein zeigt als Meisterkoch Jörg Müller: „Ohne Muscheln gibt es auf Sylt keine Touristen . . .“

Johann Rönnebeck, Muschelfischer

Der Morgen ist so kalt und blau wie nur auf Sylt an einem hellen Frühlingstag, und vom Munkmarscher Pier her weht kräftiger Fischgeruch. Johann Rönnebeck verkauft gerade einigen frühen Insel-Urlaubern frischgefangene Muscheln, das Kilo zu zwei Mark, dann stapft er auf uns zu in seiner blauen Fischerkluft. Er weiß, daß er fotografiert werden soll. Aber das ist für ihn, zur Erleichterung des Fotografen, kein Grund gewesen, sich besonders fein zu machen. Mit der wortkargen Sachlichkeit dessen, der sich seiner selbst und seiner Welt sicher weiß, bittet er in das rote Backsteinhaus und sitzt dort zum Gespräch bereit, die kräftigen Hände gelassen übereinandergefaltet.

Dies ist nun seine gute Stube, und an die Wand hätte eigentlich ein Seestück gehört oder ein knorriges Friesenporträt. Statt dessen hängt dort ein Gobelin mit gestickten Reiterszenen aus dem 18. Jahrhundert wie zum Ausgleich für die harte Arbeit auf der „Petra", dem nach der verstorbenen Stiefmutter benannten Fischerkahn, auf dem Rönnebeck vom frühen März bis in die ersten Januartage jeden Nachmittag auf Muschelfang geht, einziger seiner Art auf Sylt.

Wir hatten gemeint, auf einer einstigen Fischerinsel müßte eigentlich leicht ein Fischer als Gesprächspartner zu finden sein. Aber die wenigen Sylter Fischer betreiben ihr Geschäft nur noch als Nebenerwerb. So war immer nur der Name „Rönnebeck" gefallen, und der ist nicht einmal Sylter, sondern stammt von Pellworm, wo er beim Vater, noch mitten im Krieg, sein Handwerk gelernt hat: drei Jahre Lehre, vier Jahre Gesellenzeit, schließlich der Meistertitel, mit Prüfung und Diplom. Sie hatten damals Krabben und Schollen gefangen, aber auch schon Muscheln, die fetten Sandmuscheln mit ihrem Austerngeschmack. Daraus war in den Notjahren Wurst gemacht worden, und die hatte ganz gut geschmeckt, bis auf den Sand, der scheußlich zwischen den Zähnen knirschte. Heute reinigt Rönnebeck seine Muscheln erst im Wasserbad, bevor er sie verkauft: „Sonst kommen gleich Reklamationen."

„Ohne Muscheln gibt es keine Badegäste"

Er erzählt, und er erzählt immer gerade so viel, wie der andere hören will. Nur manchmal schiebt sich ein meckernd helles Lachen zwischen seine Worte, wenn ihm selber eine Geschichte gefällt, zum Beispiel die vom Restaurant, das original spanische Paella angeboten hatte, zu einer Zeit, da sich gerade der Skandal um die vergifteten spanischen Importmuscheln zugetragen hatte: „Ich zum Wirt hin, ich sage: Das mit deiner Paella läßt du lieber. Schreib mal hin: ‚Echt Sylter Munkmarsch-Muscheln!' Dann werden die wenigstens gegessen . . ."

Denn für die Sylter Muscheln, die er in seinen 90 Hektar großen Gründen am Hindenburg-Damm fängt, legt er die Hand aufs Herz: „Die sind etwas Besonderes, mal ehrlich, wo wir doch keine Flüsse mit Abwässern haben und keine Industrie und all die tollen Kläranlagen . . ." Und daß davon in den Insel-Lokalen so wenig Aufheben gemacht wird, kränkt ihn: „Jeden Monat kommt einer zu mir vom Gesundheitsamt, prüft die Qualität des Wassers, und jedes Mal ist sie einwandfrei. Warum drucken die das denn nicht in ihre Speisekarten, damit die Gäste keine Angst haben müssen? Ich war auch schon mal beim

„Laß mal deine Paella!
Schreib ‚Echte
Munkmarsch-Muscheln!‘
Dann werden sie
wenigstens
gegessen . . .“

LiST 78

„Wenn mich einer mal nicht mag, lache ich ihn trotzdem an. Dann gibt sich das wieder."

„Der eine stellt Holzkisten hin, der andere hängt Gold an die Wand. Niemand weiß, warum ein Laden voll ist.“

HEN
Gogärtchen

pens diverse Cliquen einträchtig unter Seiches Dach zusammen. Von da an ging's bergauf. Was allerdings letztlich den Jet-set-Erfolg eines Lokals ausmacht, weiß Jet-set-Wirt Rolf Seiche selber nicht: „Der eine stellt Holzkisten hin, und die besten Leute kommen. Der andere nagelt Gold an die Wand, und der Laden bleibt leer." Immer gilt nur: „Ohne Prominenz läuft nichts." Oder im Detail: „Wenn hier der Boenisch sitzt und dort die Gloria von Thurn und Taxis, ist das die Garantie: Man geht dorthin. Kommen die nicht mehr, ist es aus. Dann wird nur noch mitleidig geflüstert: Dort sollen mal die und die gewesen sein . . ."

Schwer zu überhören: So wird zuweilen schon von ganz Kampen geflüstert, während „die und die" sich längst andere Spielplätze suchen. Noch immer werden Feste gefeiert, doch meist zwischen den eigenen Wänden. Die Senioren treffen sich noch, doch ohne den spontanen Reiz von früher: Beim einen gibt's Grünkohl, beim anderen Hummer, das weiß man immer schon im Jahr zuvor. Und der Nachwuchs läßt sein Geld lieber in den Boutiquen als in den Bars. Auch Rolf Seiche zog schon seine Konsequenz und siedelte vom „Village" ins „Gogärtchen" über, an einen Tresen, „wo man alt werden kann".

An diesem Tresen hatte einst jenes „Karlchen" Rosenzweig seine Kampener Karriere begonnen, dem '86 sein Freund und Lieblingsgast Werner Höfer ins Grab nachgerufen hatte: „Dies war kein Jedermannsfreund und kein Allerweltsfreund. Er betrieb Freundschaft handverlesen . . ." Ich kannte „Karlchen" ebensowenig wie das „goldene" Kampen, kenne beides nur aus Erzählungen. Und in einem waren sich all diese Erzählungen gleich, in ihrer seligen Grundmelodie eines „Es war einmal", das Karlchen wie Kampen jeder heutigen Konkurrenz entzieht und gegen das ein Mann wie Seiche nur trotzig setzen kann: „Ich bin nicht Karlchen, sondern Rolf", ein Teil des heutigen Kampen, das mit seiner Vergangenheit ebenso fertig werden muß wie mit seiner Gegenwart. Und diese Gegenwart kann Seiches Blut zum Wallen bringen, bis aus seiner Whisky-Stimme die pure Aggression aufsteigt.

„Man muß mal überlegen, warum unter den Kampener Wirten kein einziger gebürtiger Kampener ist", hatte Werner Höfer gemeint. Rolf Seiche, gebürtiger Sachse, braucht nicht zu überlegen. Ihn bringen nicht die Allüren prominenter Gäste in Rage, nicht der gräfliche Randalierer, den er letzte Nacht vor die Tür gesetzt hat: „Der kommt wieder, klar!" Ihn reizt die friesische Schläfrigkeit, jener unbewegliche Starrsinn, der allen Ernstes die Polizeistunde auf 1 Uhr festsetzt und das Amüsierbedürfnis des Badegastes bereits für ausreichend bedient hält, „wenn im Kamphüs vor drei alten Tanten ein 25 Jahre alter Film über die letzte große Sturmflut läuft . . ." Rolf Seiche schüttelt den Kopf. Ein Weltbad erkennt man daran, daß es sich wie ein Weltbad gibt. Dabei will Seiche seine Rolle spielen, hier und heute und auf seine Art. Er ist nicht Karlchen. Er heißt Rolf. Einweihung im „Gogärtchen", Blumen, Küßchen, Seiche ist in seinem Element. Und er rüstet schon zu neuen Festen. Cartier will seine Schmuckkollektion im „Gogärtchen" präsentieren, mit Gala-Dinner um Mitternacht und Spaniens Supersäusler Julio Iglesias als Stargast. „Dann ist die Weltpresse da."

Und dann mag das Kampen von einst, das Weltbad der Superpartys und rauschenden Ballnächte neu aufleuchten, wenigstens einen Abend lang. Und wie immer findet der traditionelle Prominentenfußball statt, mit Gunter Sachs im Tor. Danach wird gefeiert und der Reinerlös dem Küstenschutz spendiert. Und wenn die Polizeistunde wieder einmal überschritten wird, erscheinen Kampens Ordnungshüter und kassieren tausend Mark.

Kampen und Kampen: das bleibt zweierlei. Und dort sprüht zuweilen offene Aggression zwischen „Vermietern" und „Gastgebern", finden sich Gegensätze erst wieder aufgehoben in der nostalgischen Erinnerung an eine Zeit, als Kampen noch beides zugleich war, Dorf wie Weltbad, ein Schauplatz einfachen Lebens.

Berthold Beitz, Vorstand der Krupp-Stiftung

Die Vorschriften sind nicht ganz so streng wie vor Jahren, als ich einmal in das verbotene Himalaya-Reich Bhutan einreisen wollte. Damals hatte ich mein Sternzeichen sowie die genaue Stunde meiner Geburt nennen müssen. Diesmal genügen Angaben zur Absicht der Publikation, und natürlich müßten Herrn Beitz Text und Bilder vor Druck vorgelegt werden: „Herr Beitz hat sehr schlechte Erfahrungen gemacht, Sie verstehen . . .“ Man versteht. Und ob man, für alle Fälle, Herrn Beitz' Telefonnummer haben könne? Nein, das geht selbstverständlich nicht. Selbstverständlich.

Aber nicht deshalb nagt in uns schlechtes Gewissen, als wir vor dem unauffälligen Haus in Kampens verstecktestem Winkel stehen: Ein bald 75jähriger knappst sich im Jahr vier Wochen unter Ausschluß der Öffentlichkeit ab, um einmal nicht der Vorsitzende der Krupp-Stiftung zu sein und des Krupp-Aufsichtsrats und der IOC-Vizepräsident und was seiner Ämter mehr sind. Ihn nun mit Fragen nach Sylt behelligen, hinter sein Sylt-Bild eventuell kritische Fragezeichen setzen? Doch wenn sich Berthold Beitz behelligt fühlt, läßt er es sich nicht anmerken.

Mit der entspannten Gelassenheit eines Mannes, den nichts aus einmal gefundener Ruhe aufscheuchen kann, sitzt er in seinem Sessel, und seine Stimme mit den unverkennbar pommerschen Untertönen ist anfangs so leise, daß man Mühe hat, ihr zu folgen. Lebhafter wird er erst, als er von Carolin Anna spricht, der gerade geborenen ersten Enkeltochter. Aus einem Fabelwesen deutscher Wirtschaftsgeschichte wird ein Großvater wie jeder andere auch, der Fotos holt, Fotos zeigt, der stolz ist: „Die Kleine ist hübsch, nicht wahr?“ Das ist sie, und der Großvater steckt die Bilder zufrieden wieder weg: „Bald kommt sie hierher. Dann kann sie sich gleich an Kampen gewöhnen.“

Immer sagt er „Kampen“, nie „Sylt“, denn Kampen war es, das er als „seine“ Insel entdeckte und wo er Jahr um Jahr Einkehr hält in Erinnerungen an die Zeit vor dem Krieg, als der bei Stralsund geborene Pommer auf der Ostsee-Insel Hiddensee seine Sommerferien verbracht hatte, beim Fischer Paul Kronemann in Neuendorf: „Immer wenn ich heute nach längerer Zeit in dieses Haus komme und es riecht so stockig, so nach Salzwasser, muß ich an Kronemann denken. In seinem Haus roch es genauso, und ich denke daran, wie wir am Strand Fisch gebraten haben, und ‚gesplittert‘ haben wir auch schon. So nannten wir damals das Nacktbaden . . .“ Hiddensee und Sylt: eine Klammer, die sich um fünf Lebensjahrzehnte legt.

„Ohne Kampen wäre ich nicht zu Krupp gekommen“

Das Kampen der frühen 50er: „„Mein Gott, das war ja noch ein Dorf, wo keiner die Tür abgeschlossen hat“, ein Dorf der Künstler und Schriftsteller. Verleger wie Suhrkamp und Rowohlt hatten zu den „großen Namen“ gehört, Rowohlt-Autor Ernst von Salomon seinen „Fragebogen“ geschrieben und Rowohlt-Lektor Kurt W. Marek alias Ceram bei vielen Grogs im „Roten Kliff“ den Welterfolg seiner „Götter, Gräber und Gelehrte“ abgewartet. Und hier hatte Berthold Beitz, damals noch Generaldirektor der Hamburger Iduna/Germania-Versicherung, den in Essen beheimateten Bildhauer Jean Sprenger getroffen, hatte bei ihm eine Plastik in Auftrag gegeben

„Das Spontane, völlig Gelöste, das Kampen einmal ausmachte – das ist verschwunden."

und war in die verwüstete Ruhr-Metropole hinuntergefahren, um das Modell abzunehmen. In Sprengers Atelier öffnete sich aber die Tür, „ein schmaler, blasser Herr trat ein, und das war Alfried Krupp von Bohlen und Halbach . . ." Die Herren kamen ins Gespräch. Es blieb nicht ohne Folgen: Beitz siedelte als Generalbevollmächtigter des Krupp-Konzerns nach Essen über: „Ich kann sagen, ohne Kampen wäre ich nie zu Krupp gekommen . . ."

Beitz spricht nicht von Schicksal. Er glaubt an seltsame Zufälle, wie sie immer schon sein Leben geleitet haben, damals im Krieg, als wegen seiner Hilfeleistungen für verfolgte Juden gegen ihn ermittelt wurde und die Anzeige einem Jugendfreund in die Hände gefallen war, oder eben bei dieser allerersten Begegnung mit dem Krupp-Herrn. Ob aber Zufall oder Schicksal: diese Begegnung hat Geschichte gemacht.

Man erinnere sich: Kein anderes deutsches Unternehmen war nach '45 als Inbegriff für allen teutonischen Imperialismus so kompromittiert gewesen wie die Essener Waffenschmiede Krupp, und um jeden Preis hatte einem Namensträger der Prozeß gemacht werden sollen, wenn schon nicht dem hinfälligen Seniorchef Gustav Krupp, dann seinem Sohn Alfried. Er wurde verurteilt und eingesperrt. Die Haft entließ einen zutiefst verstörten, an sich und seiner Welt irre gewordenen Mann. Er brauchte, er suchte das Gegengewicht. Er fand es in Berthold Beitz, dem Mann mit der makellosen politischen Vergangenheit, keinem „Mitläufer", der erst nach Kriegsende seine Gegnerschaft zu Hitler entdeckt hatte, einem Mann zugleich mit Phantasie, Durchsetzungsvermögen und Mut zu einem Neubeginn. Unter seinem Zugriff wandelte sich das Krupp-Image. Und Berthold Beitz war nun mehr als nur ein sehr bekannter Industriemanager. Er wurde ein Star.

Jedes Metier hat seine prominenten Vertreter. Es kennt sie, wer das Metier kennt. Und jedes Metier hat Stars, die auch kennt, wer vom Metier keine Ahnung hat. Ein solcher Star ist Berthold Beitz, nahezu die Symbolfigur einer Ära, die alte Kategorien zu überwinden, neue, bessere zu schaffen versprach. Die Geschichte dieser Ära, der eigentlichen Nachkriegszeit, die will immer noch geschrieben sein. Und das Wechselspiel Beitz/Krupp, diese Synthese aus altem Namen und junger Kraft, wäre darin nicht das uninteressanteste Kapitel.

Auf seinem Tisch im Haus von Kampen steht das Foto von Alfried Bohlen-Halbach. Er, obgleich nur sechs Jahre älter, muß für Beitz eine Vaterfigur gewesen sein, und eine Beziehung muß sie verbunden haben, die keine Freundschaft war im konventionellen Sinn, ohne „Du" und Vertraulichkeit, selbst hier in Kampen nicht, wenn sich Krupp einstellte und – Schicksal oder Zufall lieben solche Ironien – im einstigen Armenhaus Quartier bezog. Aller Ferienstimmung zum Trotz: auch dann wurde über Geschäfte gesprochen, auf der Bank vor dem Haus, im ersten Morgensonnenschein, zwischen zwei Zigaretten des Kettenrauchers Krupp. Was für diesen introvertierten Mann die Zeit auf der Insel bedeutete: man weiß es nicht. Für seinen Generalbevollmächtigten war es jedenfalls das große Durchatmen eines jeden Jahres.

Vom Villa-Hügel-Pomp in die Enge des 77-Quadratmeter-Häuschens, das Beitz' Sommerquartier war, vom Cut in den Sportdreß, vom Verhandlungstisch an den Strand: „Man traf sich am Meer, verabredete sich in der ‚Stadt', wie wir das Dorf nannten, und so gegen fünf oder sechs blieb man bei Karlchen sitzen. Plötzlich war es elf geworden, man hatte Hunger, Karlchen machte irgendeine Kleinigkeit zu essen. So ging das eben zu, ganz unfeierlich und völlig zwanglos."

Man feierte seine Feste und wußte sie zu feiern: „Es fuhr noch diese Bimmelbahn von Westerland hinauf nach List, und dort, auf der Bahn, fanden Maskeraden statt, nach irgendeinem Motto, ‚Wikinger-Fest' oder ‚Südsee-Nacht'. Das war Kampen damals . . ."

Schwer liegt der Goldglanz der Erinnerung über den Erzählungen aus einer Zeit, als Kampen noch nicht überquoll von Autos, als es noch keine Verkehrsampeln gab („Bei der ersten Ampel sagte mein Freund Axel Springer: Ich werde verrückt, wie am Ku'damm.") und wo noch nicht Sightseeing-Busse die Masse der Schaulustigen zu den lokalen Sehenswürdigkeiten karrten: „Die würden heute am liebsten bis zur Buhne 16 fahren, um dort die Prominenz zu sehen."

An der Buhne 16, Barlog hatte es erzählt, war Beitz der unumstrittene König gewesen, und er hört das nicht ungern. Wie es aber einer schafft, ein König zu sein, überall und nicht nur an der Buhne 16, meint er selbst nicht so genau zu wissen: „Sowas erwirbt man nicht. Sowas kommt oder kommt nicht. Wenn Sie etwas wollen und sagen: Ich will das und das sein, unbedingt, um jeden Preis – das werden Sie dann nie. Ich selber habe in meinem Leben nie etwas ganz bewußt erstrebt. Mir war immer nur eines wichtig: unabhängig sein, innerlich." Und noch einmal: „Man hat's, man kann's – oder man kann's nicht."

Noch einige Male kehrt der Gedanke in seinen Worten wieder, und das hat dann eigentlich nichts mehr mit Sylt zu tun. Das ist wohl eher etwas, was dieser Mann weitergegeben wissen möchte als Fazit eines Lebensbogens, der den einstigen Banklehrling, der als einziger in der Familie hatte Abitur machen dürfen und eigentlich Pastor werden sollte, in eine Gipfelregion hinaufführte, auf deren Höhe er heute meint: „Wen in seinem Leben ein schlechtes Gewissen umtreibt, hat auch kein Glück. Denn der wird innerlich so unsicher, daß er immer wieder Fehler macht."

Wir fragen nach den Quellen seiner eigenen Sicherheit, und er nennt die Kindheit auf dem Lande, spricht von seiner Mutter, „eine ganz einfache Frau, aber eine bedeutende Frau". Sie ist wohl sein lebenslanger Maßstab gewesen. Und das Thema Selbstsicherheit führt ihn wieder auf den Sand von Sylt zurück, wo er sich in seiner Autorität nicht bedroht sieht, wenn ihn am Strand jemand grüßt: „Ich denke nicht sofort: Um Himmels willen, das wird doch nicht einer meiner Angestellten sein."

Er liebt diese Insel allen Veränderungen zum Trotz, fliegt gern im Flugzeug darüber, nähert sich ihr gern mit der Bahn, wenn das Land ab Hamburg immer flacher, weiter wird, und hatte allen Abwanderungsgedanken widerstanden, als Sylt immer voller wurde und sein Kampen vollends „umzukippen" drohte. Er hatte an eine dänische Insel als neue Fluchtburg gedacht, war dann aber doch geblieben und hatte sich 1972 dieses Haus gekauft, auf dessen Grundstück immer noch das andere Häuschen steht, fast eine Hütte nur, fast zu klein für den hochgewachsenen Mann und übervoll von Erinnerungen: „Um diesen Tisch haben sie alle gesessen, Krupp und Springer und Gerhard Schröder. Ich hatte Eintopf gekocht, und wir haben gegessen, wir waren vergnügt, und einmal war der sowjetische Sportminister hier. Der hat nur so gestaunt. Ich weiß nicht, was er eigentlich erwartet hatte, ein Schloß wahrscheinlich mit Lakaien in Livree. Und er hat ausgerufen: Das ist ja eine ganz einfache Datscha!"

Berthold Beitz begleitet uns zum Ausgang, um den Mund ein Lächeln, als horche er immer noch den Erinnerungen an ein Kampen hinterher, zu dessen Ritualen wohl tatsächlich gehörte, kein Ritual zu kennen. Und wenn wir noch etwas wissen wollten, sollten wir ihn doch einfach anrufen. Die Telefonnummer ruft er uns über das Gartentor hinterher.

Vor
Kampen

freu
im
lich
wirk
Die
nich
leg
übe
ger
sch

„M

we
sch
her
Gr
Ab
wic
„A
ma
zu
ich
die
rin
frü
„D
rö
Da
zu
ge
sc
Fr
Zi
ge
Be
Ta
ge
W
Zu
ga
ab
ra

„Fast allen mir wichtigen Menschen bin ich zuerst auf Sylt begegnet und bin ihnen auf Sylt nahegekommen."

Peter Boenisch, Publizist

Man muß auf Sylt Geduld haben, vor allem mit dem Wetter. Tagsüber kann es regnen, abends die schönste Sonne scheinen, und dieser Gedanke hilft dann über vieles hinweg. Zum Beispiel über die volle Stunde, die wir im kalten Nieselregen vor Kampens Gourmetshop auf Peter Boenisch warten, und schließlich über seine knapp hingeworfene Erklärung, als er doch noch kommt: „An einem solchen Tag kann man nicht früh aufstehen!" Recht hat er. Und im übrigen war diese Stunde ihre Zeit wert gewesen.
Ein Kampener Knotenpunkt in der Hochsaison an einem grauen Vormittag: Das schlechte Wetter tut der Überfülle keinen Abbruch. In der Menge dominiert der reife Jahrgang, um die Mundwinkel dezenter Überdruß, im optimistisch frohen Blick ein „Laßt-uns-dennoch-heiter-Sein!" Viel Makeup überdeckt Sonnenbrände oder, häufiger, täuscht Sonnenbräune vor. Schwere Pullover signalisieren hohe Sportlichkeit, Kettchen am Gelenk legere Lebensart. Man geht nicht. Man flaniert, den Blick unauffällig schräg gestellt. Denn immer kann einer vorbeikommen, den die anderen kennen müßten. Und dann kommt einer, den sie alle kennen: Peter Boenisch.
Das Haar zu weiß, der Teint zu braun: das ist der erste Eindruck. Aber das kann am grauen Licht liegen, das alle Farben um so greller leuchten läßt. Und vielleicht will er gar nicht auffallen. Aber er fällt auf. Und in aller Augen steht: so lässig und so smart, so ganz Erfolgsmensch – so wäre man gern selbst. So zu sein, spielt man sich vor. Für Augenblicke hat das Kampener Schlender-Publikum seinen Maßstab, sein Idol.
Ob er eine solche Rolle im Bewußtsein anderer nicht manchmal leid sei, will ich von Peter Boenisch wissen, als wir uns endlich im „Gogärtchen" gegenübersitzen, und er weiß von einer solchen Rolle nichts: „Ich bin ich selbst." Aber stört es ihn nicht, wie Werner Höfer, der deshalb nicht mehr an den Strand geht, von Fremden erkannt, angesprochen, mit Fragen behelligt zu werden? Nein, das stört ihn nicht: „Ich habe von den Politikern gelernt, daß mich das nicht stören darf." Und außerdem sei es undemokratisch, „wenn sich Politiker und Publizisten hinter den Vorhang einer künstlichen Anonymität zurückziehen und nur vom Podest herab zu den Leuten reden."
Und damals in den 60ern, als der Springer-Konzern Lieblingszielscheibe der Linken war und damit auch Boenisch als „Bild"-Chefredakteur? In jenen Jahren war er häufig angepöbelt worden, auch auf Sylt, und gemeinsame Bekannte, die ihn zu kennen behaupten, wollen wissen, wie tief ihn das getroffen, ja, in seiner Sylt-Liebe irre gemacht haben soll.
Wieder ein Kopfschütteln, der Blick bleibt gesenkt: „Wenn das gerade dem Zeitgeist entsprach, warum sollte es gerade hier nicht stattfinden?" Es hat ihm nicht „sein" Sylt verleiden können? „Es wäre grotesk gewesen, wenn ich geglaubt hätte, hier vor irgendwelcher Ablehnung sicher zu sein." Grotesk vielleicht und doch verständlich, wenn einer sich gerade dort massiver Ablehnung gegenübersieht, wo er sein ganz persönliches Paradies gefunden zu haben meinte – aber Boenisch beharrt: „Es wäre albern gewesen."
Die Verweigerung im Konjunktiv irritiert stärker als vorhin die Wartezeit. Warum nicht Verletzlichkeit eingestehen, auch wenn sie nicht zum Image paßt, von dem er doch eben meinte, er wüßte nichts davon? Oder verletzt ihn das alles wirklich nicht, die „Bild/Bonn/Boenisch"-Attacken, die Buhmann-Rolle eines „wirklich schlimmen Jour-

nalisten", wie ihn nur wenige Tage zuvor im Fernsehen eine wirklich schlimme Journalistin bezeichnet hatte? Lernt man auch das von den Politikern? Oder hier auf Sylt, von dem er meint: „Ich neige ohnehin zur Gelassenheit und werde auf Sylt noch gelassener." Oder trägt ihn so stark die vom Vater mitgegebene Lebensregel, das Leben sei eine Achterbahn, und nur wer die Kraft hätte, sich vom höchsten Punkt hinabzustürzen,

„Die anderen sind die Außenseiter, nicht ich"

verdiene die Hoffnung auf einen neuen Höhepunkt?

Priester hatte er eigentlich werden wollen oder Strafverteidiger, wurde dann Journalist und – laut „Spiegel" – „Deutschlands hübschester Chefredakteur", bei „Bravo", „Bild" und „Welt", schließlich Pressesprecher der Regierung Kohl in einem Bonn, das er ein „Treibhaus" nennt, „wo man viel zu sehr mit sich selbst beschäftigt ist und tatsächliche Probleme völlig verzerrt und mitunter hysterisch sieht . . ." Und von Bonn die Überblende auf Sylt: „Bonn verengt den Blick. Sylt macht ihn weiter." Hier hat er gerade seinen 60. Geburtstag gefeiert wie alle anderen runden Geburtstage auch, „zum Entsetzen meiner Freunde im Süden, die dann jedes Mal das Gefühl haben, zu den Eskimos reisen zu müssen", und dieses Sylt nennt er seine Heimat, seine Weltanschauung: „Die Insel braucht Menschen, die sich zu ihr bekennen . . ."

Ein Bekenntnis, das Kritik einschließt: Boenisch spricht vom Wandel im Bewußtsein der Sylter, „aber ich traue dem Frieden nicht so ganz", von der Profitgier, „die alles vollklotzt", von einer in seinen Augen „völlig falschen Ferienpolitik nach dem Grundsatz: Hauptsache, wir haben das Meer und im übrigen lieber den Gast mit Hund als den Gast mit Kind". Es empört ihn nahezu, daß es in Kampen „keinen einzigen öffentlichen Kinderspielplatz" gibt, das sei „schlicht grotesk", und fast meint man, Klara Enss zu hören, als er von der „aufstrebenden sozialen Mittelschicht" spricht, die eigentlich Sylts Publikum sei: „Für die Insel kann es eine Katastrophe werden, wenn erst junge Ehepaare mit Kindern dorthin reisen, wo sie sicheres Wetter haben und ihren Freizeitbedürfnissen entgegengekommen wird."

Man muß auf dieser Insel Geduld haben, auch mit Peter Boenisch. Dann wird beim Thema „Sylt" hinter stromlinienförmiger Fassade der Journalist sichtbar, der schon als Anfänger in tiefster Presseprovinz der „Cliquokratie" in Wirtschaft und Politik seine Kämpfe lieferte, sich ersten journalistischen Ruhm mit einer „Kinderluftbrücke" zwischen Berlin und Westdeutschland verdiente und sich hier in Kampen, wo er '71 sein Haus baute, als „unabhängiger Kritiker" empfindet, als einer, der für die Insel Verantwortung fühle, „nicht verwickelt in die Geschäftemacherei der Zimmervermieter, von der manchmal abhängt, welche Pläne gefördert werden und welche nicht". Also er, der Etablierte, eigentlich ein Außenseiter? Da lacht denn Boenisch auf, da spricht er nicht im Konjunktiv: „Die anderen sind Außenseiter, finde ich, nicht ich!"

Also wieder: Kampen und Kampen. Oder: Sylt und Sylt. Die Insel der einen, deren Karikatur man an einem verregneten Sonntagmorgen am Kampener Gourmetshop erleben kann, und die Insel der anderen, die damit wohl ihre Geschäfte machen wollen, zugleich aber einem Sylt nachtrauern, das tatsächlich nicht mehr als Sand und See, Wind und Einsamkeit zu bieten hatte. Und dazwischen, irgendwo, die Vision einer „Volksinsel", wie sie Peter Boenisch beschwört, „wo gleichermaßen Raum ist für die kaputte Type aus Berlin wie für den friesischen Fischer". Insgesamt aber, mit allen Ecken und Kanten, Problemen und Widersprüchen, eine Insel als Weltanschauung, die auch zu trotzigem Protest gegen die Fehlentwicklungen ihrer Gegenwart herausfordert: einen Peter Boenisch ebenso wie seinen Kollegen und Nachbarn am Kampener Watt Claus Jacobi.

„Sylt ist eine Weltanschauung. Sie braucht Menschen, die sich dazu bekennen.“

B.Y.A.

Claus Jacobi, Chefredakteur

Um das kleine Haus am Watt ranken sich Geschichten, märchenhafter als alle Sagen um den Friesengeist Nis Puk. Wie es gar nicht hätte gebaut werden dürfen und, bevor die Inspektion kam, kurzerhand unter einem Sandhaufen verschwand. Oder wie es hätte rot angestrichen werden müssen, vom Besitzer aber weiß gestrichen wurde, der dann am nächsten Tag Anzeige gegen Unbekannt erstattet hatte: Fremde Hände hätten nächtens das rote Haus weiß angeschmiert. So wispern die Kampener Gerüchte. Und wenn sie nicht stimmen, sind sie gut erfunden.

Der heutige Besitzer Claus Jacobi steht auf der obersten Stufe der Treppe, die zum Haus hinaufführt, und findet an diesem frühen Abend ganz andere Dinge märchenhaft. Die Fäuste eingestützt, blinzelt er über das Watt hin: „Sehen Sie nur, diese Farben, ihr Wechselspiel!" Ein Seufzen, sehnsuchtsvoll: „Dieser Anblick kann mich immer wieder mit allem anderen auf Sylt versöhnen." Pure Bosheit souffliert mir in diesem Augenblick den Ausspruch eines Franzosen: „Wer Sylt kennt und weiß, daß diese Insel das Ferienparadies der Deutschen ist, begreift, wie dieses Volk zwei Weltkriege überstehen konnte." Jacobi lacht auf: „Etwas Wahres ist dran. Wer diese Insel mag, muß das Rauhe lieben, sein Klima, seine Stürme." Er wendet sich ab: „Gehen wir ins Haus . . ."

Es ist nur ein Häuschen. Aber genau das hat Claus Jacobi so gewollt: „Es ist hier nicht größer als auf einem Schiff", Erinnerung an seine Zeit als Seekadett in den letzten beiden Kriegsjahren, und eigentlich hatte er Marineoffizier werden wollen. Aber er wurde Journalist, bei „Welt" und „Zeit", dann „Spiegel"-Chefredakteur, in die Affäre von '62 hineingezogen, als er sich mit Rudolf Augstein und Conrad Ahlers in Untersuchungshaft wiederfand, eine Groteske für sich: der konservative Jacobi, ausgerechnet er, des Landesverrats verdächtigt. Vielleicht hat er daran gedacht, vielleicht geschmunzelt, als ihm zu seinem 60. Geburtstag der Bundespräsident Ideenreichtum, Courage und „souveräne Gelassenheit" bestätigt hatte. Seiner Gelassenheit hatte jedenfalls das spektakuläre Zwischenspiel ebensowenig Abbruch getan wie seiner Karriere: Chefredakteur der „Welt", dann der „Welt am Sonntag" – und Sylt als Kontrapunkt zu 40 Jahren Journalismus, „seine" Insel hier am Watt vor Kampen.

Einmal hatte er sich wirklich eine Insel kaufen wollen, irgendwo in der Bretagne. Aber dann war es doch bei diesem Häuschen geblieben, das nicht nur seiner Enge wegen an ein Schiff erinnert, ein Kahn im Strom gegen die Zeit, ein Bollwerk wohl auch für Erinnerungen, die weit in die Kindheit zurückreichen, in das einzige Paradies, aus dem man nicht vertrieben werden kann.

1931 war es, als die Eltern mit dem Vierjährigen ein erstes Mal nach Sylt gekommen waren und dann jeden Sommer wieder, mit dem Schiff von Hamburg bis Hörnum. Am Hotel war die Insel-Bahn vorübergerumpelt, und der Kellner hatte „Entschuldigung" gemurmelt, hatte sich die rote Mütze aufgesetzt und rasch den Zug abgefertigt, bevor er weiter servierte: idyllisches Sylt, idyllisch auch noch, als der junge Mann nach dem Krieg zurückgekehrt war, nun nach Kampen, wo er von Ferne die damaligen Größen bestaunt hatte, „entschlossen, selbst noch viel größer zu werden". Rowohlt mit dem vierfach geknoteten Taschentuch über dem kahlen Schädel, den um die letzten Dinge ringenden Hans Zehrer, dessen Nachfolger als „Welt"-Chefredakteur Jacobi später

werden sollte, Ernst von Salomon, der einmal in einem Verzweiflungsanfall sein „Fragebogen"-Manuskript über die Kampener Heide verstreut hatte, wo es dann von seiner Frau heimlich wieder aufgesammelt worden war, und der im Klenderhof als eine Art Hausmeister residierte.
Dieser Klenderhof, nicht weit von Jacobis Haus und abweisend grau selbst im vergoldenden Abendlicht, heißt in Kampen nur die „Springerburg", seit dort der Großverleger sein Gästehaus

„Und zum Schluß kommt Neckermann"

einrichten ließ. Auch Jacobi war dort regelmäßig Gast gewesen, bis zur Jahreswende 74/75, als er gerade sein Haus gekauft hatte und am nächsten Tag dort einziehen wollte. In dieser Nacht war aber die große Flut gekommen, sie stieg an, kletterte den Hügel hoch, und vom Klenderhof her hatte der eben noch so stolze Hausherr zu seinem Besitz hinübergestarrt: „Ich hatte die Chance, in das Guinness-Buch der Rekorde als kürzester Hausbesitzer aller Zeiten einzugehen . . ."
Die Flut war wieder abgelaufen. Eine andere stieg weiter an, unaufhaltsam: die Scharen derer, die nicht das Watt herzog, die Einsamkeit, die Stille, sondern Sylts Ruf eines Schickeria-Dorado; ein anderes Publikum als jener Kampen-Set der frühen 60er, der sich untereinander kannte, miteinander am Ellenbogen schwimmen oder im „Pony" tanzen ging und sich ungleich bescheidener aufführte als die, die nun den Sylter Ton angaben. Und wie Höfer findet auch Jacobi, der Journalist, böse Worte über jene Journaille, die jenes Insel-Image zurechtschniegelte, mit dem es stand wie mit den Geschichten um Jacobis Haus: Was nicht stimmte, wurde erfunden, wenn auch nicht gut. Als zum Beispiel einmal Curd Jürgens nach Sylt gekommen war: „Wir wollten essen gehen und aßen schließlich in einem Morsumer Ausflugslokal etwas so Ausgefallenes wie gebratene Schollen. Das war alles. Aber für manche Presseleute mußte ein Essen mit Jürgens wenigstens eine Kaviarorgie sein . . ." Jacobi zuckt mit den Achseln: „Das gleiche Lied wie in Capri oder St. Tropez: erst schön, dann schick, schließlich Schickimicki. Kampen wurde von Individualisten entdeckt. Dann kamen die Reichen. Und schließlich Neckermann."
Mit dem Ingrimm dessen, der sich um so stärker an den Widrigkeiten einer Welt reibt, mit der er eigentlich im Einklang sein möchte, sieht er auf dieses Sylt, das er ein Problem ohne Lösung, nur mit Konsequenzen nennt: „All das kam ja nicht plötzlich, sondern so schleichend wie überall, wie die Vergiftung der Luft, die Verschmutzung der Ozeane. Jedes Jahr wurde ein anderes kleines Stück der Insel einbetoniert. Jedes Jahr blieben mehr Cola-Flaschen, Bierdosen und Plastiktüten auf dem Weg zum Strand liegen. Wir haben inzwischen einen Umweltminister und Parteienprogramme zur Rettung der Natur. Drei Millionen Menschen wählen Grün. Nur die Flaschen in den Dünen, die hebt keiner auf." Zweifel auch am Regenerationsprozeß durch die sich auf Sylt so kräftig regenden neuen Kräfte: „Wenn die es nur wirklich besser machen und nicht immer nur besser wissen würden . . ."
Beim Abschied steht er wieder auf der Holztreppe vor seinem Haus, das ein wenig sein Traum-Schiff sein mag, vielleicht nicht sicher vor dem Hochwasser, das zuweilen über die Wattwiesen in seine Garagen läuft, aber sicher vor dem Kampen der überquellenden Straßen und Staus an den Ampeln. Die Stufen dieser Treppe sind aus Schwellen gebaut, über die im Sylt seiner Kindheit die Inselbahn gepoltert war, und wieder sieht er über das in allen Pastelltönen schimmernde Watt hin: „Am Watt hier ist die Welt noch in Ordnung. Gänse rasten dort, Möwen, Enten, zu Tausenden. Nachts durchquaken die Frösche unsere Träume. Das andere Sylt, das da hinten – das erreicht mich nicht . . ."

„Das alte Lied wie überall: erst schön, dann schick, schließlich Schickimicki.“

Boy Thiessen, Golfplatzwärter

Einfache Leute, heißt es in einem Chanson von Martin Morlock, laufen sich einen Wolf. Bessere Leute spielen Tennis. La crème de la crème aber, la classe suprême spielt Golf. Aber auch das war einmal. Golf droht Volkssport zu werden, selbst auf Sylt, wo schon Pläne für einen öffentlichen 18-Löcher-Golfplatz zwischen Kampen und Braderup vorliegen. In Morsum lächelt man dazu. Denn hier, im „Golfklub Morsum e.V.", bleibt man weiterhin hübsch unter sich, 140 *happy few* aus deutscher Oberschicht, und daß sich kein Paria daruntermischt, besorgt der Golfplatzwärter Boy Thiessen: „Ist doch richtig so. Wenn unsere Herrschaften Urlaub haben, wollen sie in Ruhe spielen können . . ." Heinz Rühmann zum Beispiel, der Boy Thiessen einmal eine Uhr geschenkt hat, mit herzlichen Grüßen darauf, oder früher der inzwischen verstorbene Gründer des Clubs.

„Wenn ich in den Bergen Golf spiele, will ich die Berge sehen und am Meer das Meer", hatte Axel Springer gesagt, als er sich für das Morsumer Terrain entschied, und man sieht nicht nur das Meer, man schmeckt auch seinen Salzgeruch in der schneidend kalten Morgenluft, während Thiessen seinen Erinnerungen an den Großverleger nachhängt: „Ein so großer Herr und eine solche Seele von Mensch. Der konnte es nicht ertragen, wenn es einem schlecht ging." Und er denkt an den Verlegersohn zurück, den Fotografen Sven Simon. Mit dem hatte er noch gesprochen, als Simon schon im Wagen saß, unterwegs zum letzten Autozug an diesem Tag, der ihn zurück zum Festland brachte, und dort, in Hamburg, hatte sich dann Simon die tödliche Kugel gegeben. Boy Thiessen begreift das nicht. Er seufzt nur schwer. War es doch Sven Simon gewesen, der dem Landwirt Thiessen gesagt hatte, als er seinen Hof hatte aufgeben müssen: „Nicht verzagen! Deine Frau kann bei mir den Hausputz machen und du den Hausverwalter." Das war er dann vier Jahre gewesen und danach Wärter auf dem Golfplatz. Aber im Herzen blieb er Landwirt: „Das läßt einen nicht los, wenn man das mal gelernt hat und schon alle Vorfahren Landwirte waren."

„1741" steht in schmiedeeisernen Lettern über der Tür seines Friesenhauses. So lange gibt es auf Sylt die Thiessens schon, und in der wievielten Generation, weiß Boy Thiessen selber nicht genau. Walfänger waren sie gewesen, bis 1848, dann wurden sie, wie viele auf der Insel, Bauern, die zunächst einmal Land urbar machen mußten: „Das war eine richtig klägliche Landwirtschaft. Sie ernährte die Leute gerade so." Und ernährte sie die Leute nicht, wurde zum Fischfang hinausgefahren, „nur zum eigenen Bedarf, um nicht hungern zu müssen, und waren mal ein paar Fische übrig, wurden die verkauft, na ja, das gab dann noch ein paar Mark."

Er kann sich noch erinnern, wie rings um Morsum nichts als Heide war, und er erinnert sich, wie er mit seinem Vater diese Heide urbar machte: „Erst wurde das Heideland gepflügt, mit Pferden natürlich, dann blieb es zwei Jahre liegen, dann kam Humus rein", und fünf bis sechs Jahre hatte es gedauert, bis daraus Ackerboden geworden war und schließlich Weideland mit Vieh darauf. Auf 20 Hektar hatten es die Thiessens gebracht und auf 32 Stück Vieh. In diese Welt wurde in den 20ern Boy Thiessen hineingeboren.

Der Hindenburgdamm war gerade gebaut worden, und von den Arbeitern sind viele auf Sylt geblieben, das fand Boy Thiessen gut: „Wir hatten ziemlich Inzucht hier. Das gab nun frisches Blut!" Den Damm fand er weniger gut: „Das Wasser zirkuliert nicht mehr, und die Stauungen

sind schuld an all den Landeinbrüchen heute. Da können die Wissenschaftler sagen, was sie wollen. Uns Sylter bringen sie nicht davon ab!"
Noch ein anderes böses Wort zum Damm geht auf der Insel um: „Mit ihm kamen die Maulwürfe und die Fremden", aber da stimmt Thiessen nun wieder nicht zu. Denn gegen Fremde hat er nichts, und wenn sie berühmt sind, klebt er ihr Konterfei in ein Album. Stolz blättert er es auf: Max Schmeling mit schwellenden Muskelpaketen

„Das Land hat uns gerade so ernährt"

und, noch im molligen Babyspeck, Marlene Dietrich, mehr Jungmädel als Blauer Engel, die allererste Insel-Schickeria. Einer allerdings fehlt in diesem Reigen. Aber dessen Bild bleibt um so kräftiger in Thiessens Gedächtnis eingeritzt.
In einem der letzten Sommer vor dem Zweiten Weltkrieg war es gewesen. Allabendlich hatte Hermann Göring den gewaltigen Leib über die Morsumer Heide geschoben und dabei seinen Dolch verloren, eine Ehrengabe Mussolinis noch dazu. Zwei Kompanien waren ausgeschwärmt, aber der Halbwüchsige war schneller als sie, und nach einer halben Stunde Suche lag der Duce-Dolch vor ihm in güldener Pracht. Und er hatte ihn nicht behalten, „ich weiß doch, was sich gehört", er hatte den Fund gemeldet, und wieder eine halbe Stunde später war der Reichsmarschall höchstselbst erschienen mit seinem Feldmarschall Milch dabei. Der hatte dem ehrlichen Finder einen 100-Mark-Schein in die Hand gedrückt, viel Geld, „die Arbeiter haben damals 65 Pfennige in der Stunde bekommen". Deutschlands Herr der Lüfte war zwar „ziemlich fett" gewesen, doch „sehr gesprächsbereit", ein „ganz alltäglicher Mensch", und das Ganze, Boy Thiessen lacht wie entschuldigend, „war ja doch irgendwie ein Ereignis für mich".
An anderen Ereignissen der Herren Göring und Konsorten hatte dann Thiessen sechs Kriegsjahre lang teilnehmen dürfen, mit drei Jahren Gefangenschaft hinterher in der Normandie, wo im Nachbarlager ein gewisser Martin Held seinen Mitgefangenen Theater vorgespielt hatte. Danach war Thiessen nach Sylt zurückgekehrt, im gleichen Jahr '48, in dem der Vater starb. Da hatte dann der Sohn den Hof übernommen, wie das bei den Thiessens immer schon der Brauch gewesen war, und erst jetzt wird die Linie unterbrochen werden. Denn Thiessen hat keinen Sohn, und die Tochter lebt fern irgendwo im Hessischen.
So hatte er, nach einigen Herzanfällen, seinen Hof verpachtet, der letzte Landwirt Thiessen also, der nun über den Golfplatz wacht und daheim über seine eigene Welt in diesem Haus, wo er geboren wurde und das nicht nur ein schönes Haus ist, nein, „das schönste auf der ganzen Insel". Und die Stube ist ganz im alten Friesenstil gehalten, mit Kacheln voll altbiblischer Motive und leuchtend blauem Holz. Dort hält gerade seine Mutter ihre Mittagsruhe.
Die alte Dame ist 103 und erkundigt sich manchmal, warum denn niemand feiere, schließlich hätte heute der Kaiser Geburtstag. Sie sieht nicht mehr so gut, aber sie hört Radio, und abends erzählt sie ihrem Sohn, was so los ist in der Welt. Jetzt hat sie gerade einen kleinen Unfall gehabt, und wir wollen nicht stören. Aber einen kurzen Blick sollen wir doch in die Stube tun, weil sie so schön ist und Boy Thiessens ganzer Stolz. Die alte Dame, schlohweißes Haar über dem wächsernen Gesicht, winkt uns ein wenig zu, dann horcht sie wieder zum laufenden Radio hin. Alles bekommt sie nicht mehr mit, und daß der Sohn seit zwölf Jahren nicht mehr Landwirt ist, hat sie gar nicht so genau wissen wollen. Ihn selbst schmerzt der Verlust des Hofes immer noch ein wenig: „Als ich ein letztes Mal aus dem Stall ging, na ja . . ." Und kein Trost kann sein, daß es insgesamt um die Landwirtschaft auf Sylt nicht gut steht und es immer mehr ehemalige Landwirte gibt. Einen, der es noch heute ist und künftig bleiben will, trafen wir bei Keitum: Hans H. Buchholtz.

„Wer einmal Landwirt
gelernt hat, und alle
Vorfahren waren
Landwirte, läßt das einen
nicht los . . .“

Blidsel-
bucht

„Einmal in Kanada die Weizenernte oder im Winter ins Holz: das bleibt mein Traum."

Elisabeth und Heinrich Grönwoldt, Öko-Landwirte

Das Haus duftet nach frischem Brot, und das Korn hat Elisabeth Grönwoldt selbst gemahlen. Jetzt reicht sie ihrem Mann einen der ofenwarmen Laibe: „Schneid du mal auf, Heinrich, du kannst das besser", und ist wieder vorn in der Diele, wo Kundschaft wartet, auf ein Kilo Kohl oder Mohrrüben, alles biologisch-dynamisch angebaut. Inzwischen säbelt Heinrich Grönwoldt geduldig Brotscheiben ab.

Brotzeit in Tinnum bei Westerland, wo sich inmitten der Westerländer Beton-Ausläufer der Grönwoldt-Hof wie eine Insel ausnimmt, allerdings von Hallig-Größe: 30 Hektar Land, das meiste Weide für die 16 Kühe, auf den restlichen fünf Hektar Getreide, Rüben, Kartoffeln, Gemüse. Ökonomisch ist der Anbau ein Abenteuer. Die Grönwoldts haben es dennoch gewagt: „Nehmen Sie uns als Menschen, die das Richtige zu tun meinten und heute wissen, daß es das Richtige war."

Elisabeth Grönwoldt ist zurückgekehrt, über den Haaren ein bäurisches Kopftuch. Aber der kleine Glitzerschal darunter kann ebensowenig die städtische Herkunft leugnen wie die Stimme den Geburtsort Bonn. Dort hat sie Buchhandel gelernt. Aber es war für sie kein Opfer, die Stadt zu verlassen und Frau eines Landwirts zu werden: „Ich wollte immer schon Bäuerin sein." Allerdings nicht irgendeine Bäuerin. Denn spätestens beim Urlaub auf einem bereits biologisch-dynamisch betriebenen Hof „fiel es mir wie Schuppen von den Augen". Das war Landwirtschaft, wie sie sie verstand, als „Suche nach dem wirklich Lebendigen".

Soll man, wieder mal, von Schicksal oder Zufall sprechen, daß dann ihre Mutter in einem Preisausschreiben eine Sylt-Reise gewann, den Preis an die Tochter weitergab und so Elisabeth Grönwoldt von Bonn nach Sylt kam, wo sie gleich dablieb, zunächst noch als Buchhändlerin? Für Heinrich Grönwoldt wurde der Zufall ein Stück Schicksal, beruflich wie privat.

Auch er nicht eigentlich Landwirt, sondern gelernter Tischler, den der Vater auf den elterlichen Hof zurückgeholt hatte: Dort hatte er zunächst noch konventionelle Landwirtschaft betrieben, mit Kunstdünger gearbeitet und Futtergetreide mit Pestiziden behandelt. Allerdings: schon der Vater hatte Kartoffeln biologisch gedüngt und war damit allwöchentlich zum Westerländer Markt gekarrt. Die künftige Schwiegertochter stand davor, las den Hinweis „biologisch gedüngt" und schüttelte den Kopf: „Für mich war bis dahin alles biologisch gewesen, was aus der Landwirtschaft kam. Was nun ‚biologisch' bedeutete, wußte ich gar nicht."

Dann wußte sie es. Und dann hatte sie Grönwoldt junior kennengelernt, der inzwischen den väterlichen Hof übernommen hatte. Und von ihr war der Anstoß zur großen Umstellung gekommen. Ihr Mann hatte Bedenken, und die Zweifel von damals stehen immer noch in sein Gesicht gegraben. Doch seine Frau lächelt bewundernd: „Das hat mir an ihm so gut gefallen, dieser Mut zur Rückständigkeit, egal, was die anderen dachten." Die anderen, sie lachten: „Ihr wollt wohl jeden Regenwurm einzeln aussetzen!?" Spannungen? Anfeindungen? „Von hinten werden wir wohl etwas belächelt . . ." Dieses Lächeln läßt sich ertragen. Und im übrigen hält man mehr Kontakt zu den weiteren 70 zur „Bäuerlichen Gesellschaft" zusammengefaßten biodynamischen Betrieben in Norddeutschland. Man hilft sich, tauscht Erfahrungen aus. Denn Erfahrung ist wichtig in diesem jüngsten und zugleich ältesten Zweig der Landwirtschaft: zurück zur Natur, um mit der Natur vorwärts zu kommen.

Inzwischen wird dieser Weg auf zwei Sylter Höfen gegangen, in Braderup und hier in Tinnum, allerdings mit einem Unterschied: Arbeitet in Braderup der Landwirt Dethlef organisch-biologisch, also gleichfalls ohne Kunstdünger, ohne Pestizide, doch sonst wie vertraut, so die Grönwoldts biodynamisch nach Prinzipien, die um 1925 der Antroposophie-Papst Rudolf Steiner entwickelt hatte, unter Einbeziehung kosmischer Rhythmen und planetarer Konstellationen. „Wir

„Wir können bestehen, aber wir müssen kämpfen“

sind keine Antroposophen“, sagen die Grönwoldts, nicht im weltanschaulichen Sinn. Aber die Antroposophie hat sie geprägt: „Das ist unser ganz persönlicher Weg. Wir können und wollen ihn nicht als Patentrezept anbieten“, beteuern sie, fast ängstlich um Toleranz gegenüber den konventionellen Kollegen bemüht: „Wir wollen keinen diskriminieren, der anders denkt.“

Für den Laien, der von der Steinerschen Lehre wenig, von ihren biodynamischen Erkenntnissen überhaupt nichts weiß, zählt ohnehin nur das Ergebnis, und dieses Ergebnis kann bei den Grönwoldts an der Haustür abgeholt werden. Ihre Stammkundschaft wächst: „Einer sagt's eben dem anderen, daß unser Gemuse und unsere Kartoffeln besonders gut schmecken.“ Nur das Getreide wird nach Bremen geliefert. Denn auf Sylt ist noch keine Bäckerei, Barbara Rütting sei's geklagt, auf den Geschmack biodynamisch gewonnenen Getreides gekommen. Die Grönwoldts lassen sich nicht beirren. Eher irritiert sie schon, wenn zuweilen die Sylter Glitzerwelt auf ihre kleine Insel übergreift und sie in einem Sylt-Führer lesen, an ihrer Tafel würde sich gern und oft der Operettenrusse Iwan Rebrow an naturreiner Milch und frischgebackenem Brot laben. Den baßstimmigen Rauschebart haben die Grönwoldts bis heute nicht einmal aus der Ferne gesehen.

Andere Gäste sind häufiger: Praktikanten vom Festland, die vor Ort sehen wollen, was es mit dieser Öko-Landwirtschaft auf sich hat. Mancher hofft allerdings eher auf einen billigen Sylt-Urlaub und wird dann bitter enttäuscht. Denn für durchsonnte Strandtage, durchbummelte Disco-Nächte bleibt bei den Grönwoldts keine Zeit: „Manche verstehen eben nicht, daß heutzutage Menschen noch unter so harten Bedingungen für so wenig Geld arbeiten wie wir.“

Wie drüben in Keitum Hans Buchholtz können sie sich Personal nicht leisten. Hier wie dort sind die Höfe reine Familienbetriebe. „Es ist schon ziemlich viel Idealismus dabei“, betont Elisabeth Grönwoldt, diese Frau, die ihren ganz eigenen Lebensweg gewählt hat, von Bonn nach Sylt, vom Buchhandel in die Landwirtschaft. Und wenn sie, leise Belehrung im Unterton, biodynamische Prinzipien erläutert, scheint manchmal der Buchhandel näher als die Landwirtschaft. Aber das gehört nun einmal zum Wesen ihrer kleinen Insel hier in Tinnum, wo die Grönwoldts auf ihre Art einen Sylter Freiraum gefüllt haben: Die Kunden an der Haustür danken es.

Elisabeth Grönwoldt hatte uns noch einen Laib Brot eingewickelt. Der duftete zu Hause immer noch und hat fabelhaft geschmeckt, leicht mit Butter darauf und dem Ziegenkäse dazu, den wir in Keitum bei Uta und Armin Findeisen erstanden hatten, zwei anderen, die das Abenteuer Landwirtschaft auf ihre ganz persönliche Weise zu bestehen versuchen, so besonders wie sie selbst.

„Zur Landwirtschaft
gleich welcher Art gehört
viel Idealismus dazu, um
heutzutage durchzuhalten."

Biike-
brennen

Uta und Armin Findeisen, Ziegenkäserei

Kurz vor Keitum sieht man sie schon von der Bahn aus, weiße Punkte auf grüner Weide, die sich bei näherem Hinsehen als Ziegen entpuppen, mit klangvollen Namen wie Tamara oder Tresbe, Undine oder Vicky, und eine heißt Usambara. Das ist Kisuaheli und erinnert an die Usambara-Berge in Tansania, wo Uta und Armin Findeisen als Entwicklungshelfer arbeiteten.
„Auf den Tag genau ist das sieben Jahre her", rechnet Uta Findeisen nach. Die junge Frau mit den wachen braunen Augen sieht nicht wie eine Landfrau aus. Aber Landfrauen, meint sie selbst, sehen heutzutage selten wie Landfrauen aus. Und die Liebe zum Land ist der Berlinerin eingeboren. Schon als sie noch Lehrerin in Heidelberg war, hatte sie nicht in der Stadt, sondern außerhalb in einem kleinen Dorf gewohnt. Dort hatte sie davon geträumt, einmal ins Ausland zu gehen, vielleicht in die dritte Welt, und ihre Träume waren dem ungewissen Fernweh eines Sylter Landwirtssohns begegnet, der gerade in Stuttgart den väterlichen Beruf studiert hatte.
„Einfach mal raus", hatten beide gedacht: „Das fällt uns spontan zu der Zeit damals ein." Uta und Armin Findeisen hatten geheiratet. Die kirchlichen „Dienste in Übersee" vermittelten das Paar nach Tansania. Als einzige Europäer weit und breit fanden sie sich in einem Umkreis wieder, für den man Zeit braucht, sich in ihn zu integrieren: „Manche schaffen es in 20 Jahren nicht." Die Findeisens hielten es zwei Jahre aus. Erst heute ertappen sie sich bei gelegentlichem Heimweh nach „ihrem" Afrika.
Die Sprache noch fremd, das Klima heiß und feucht, die Ernährung ein monotoner Wechsel von Reis und Fisch, manchmal Gemüse, selbst angebaut, zuweilen Wildschweinfleisch: in dieser Welt arbeitete Landwirt Findeisen auf einer Farm, während seine Frau kleine Mädchen in Englisch und Rechnen, im Kochen und Flicken unterwies. Ihr Haus hatte immerhin Einbauküche und Badewanne gehabt, sogar elektrisches Licht, und die Menschen im Dorf hatten gestaunt: Für sie waren diese Weißen wenigstens Millionäre. Und sie hatten vor der Tür gestanden: Ob ihr uns einen Trecker kaufen könnt? Oder wenigstens ein Hemd geben? Ihr habt doch zwei . . .
Im Keitumer Wohnzimmer der Findeisens erinnern nur einige Topfpflanzen an die Jahre in Afrika, die allem Streß zum Trotz einsame Jahre waren: „Leute waren eigentlich immer da. Reden konnte man ständig. Aber nie mit seinesgleichen über seine eigenen Probleme . . ." Sie hatten die Sprache gelernt. Sie lernten Verständnis für die spezifisch afrikanische Mentalität, deren ständige Freundlichkeit vielen Europäern verlogen vorkommt: „Man fragt: Wann kommt der Omnibus? Und die Antwort heißt immer: Gleich, auch wenn der Bus erst in Tagen kommt. Aber die Leute lügen nicht. Sie wollen nur nichts Unfreundliches sagen." Allerdings, diese entspannte Sicht von Zeit und Dingen lehrt Gelassenheit, und Uta Findeisen bedauert: „Ich hatte mir sie schon so gut angewöhnt. Auf Sylt gewöhne ich sie mir leider wieder ab."
Nach zwei Jahren hatte Europa die inzwischen ums erste Kind vergrößerte Familie wieder. Erneut eine Zeit der Anpassung: Hatte es in Tansania nicht immer Versorgungsschwierigkeiten gegeben? Hatte nicht nach der Ernte der Reis gleich für das gesamte Jahr eingekauft werden müssen, weil es später nichts mehr gab? Jetzt stand Uta Findeisen vor dem überquellenden Angebot der Supermärkte, und das war fast ein Schock: „Die Waren fielen mir geradezu entgegen, und alles hat mich plötzlich angekotzt, was

hierzulande Wohlstand heißt. Ich fand ihn richtig unanständig."
Manche kenne ich, die einmal das Abenteuer dritte Welt gewagt und danach nie mehr zurückgefunden haben, Fremde hier wie dort. Auch die Findeisens frage ich danach, und sie zögern mit der Antwort, schütteln schließlich den Kopf: Nein, dafür waren die zwei Jahre wohl zu kurz. Aber neue Maßstäbe für ihr gesamtes Leben, die haben sie wohl gewonnen, und die lassen sich

„Unter den Landwirten etwas wie Exoten"

nicht leugnen. Und dazu gehört dann wohl, daß Uta Findeisen nicht in den Schuldienst zurückkehrte, ihr Mann nicht ein Landwirt wurde wie andere, daß beide sich hier wiederfanden, auf Sylt, noch ohne rechte Perspektive, wie es nun weitergehen sollte.
Inzwischen war Armin Findeisens Vater gestorben, und der Bruder bewirtschaftete den elterlichen Hof. Er nahm die Rückkömmlinge auf. Und zuvor waren sie noch einem Freund aus Frankreich wiederbegegnet. Der hatte vom Ziegenkäse seiner Heimat erzählt, und das war zum Anstoß geworden, auf Sylt Ziegenzüchter zu sein, erste ihrer Art in einer Landschaft, deren Wappentier das Deichschaf ist.
Mit vier in Dithmarschen erworbenen Tieren fingen sie an, und die Züchterin hatte ihnen gleich auch ein Rezept für Ziegenkäse mitgegeben: „Wir schrieben frech ‚Echter Ziegenkäse' an die Haustür, und die Leute sind gekommen, haben gekauft. Sie waren begeistert, obwohl der Käse grausig war!" Uta Findeisen lacht, und ihr Mann verbessert streng: „Du meinst: nicht so gut wie heute." Er wurde jedenfalls immer besser, und als dann noch von Morsum her Sylts Top-Koch Jörg Müller seinen Segen gab, ihn in seine Speisekarte aufnahm und ihm zu Fernsehehren verhalf, war der Sylter Ziegenkäse „in". Heute gehört er zu den Markenartikeln im kulinarischen Insel-Angebot, weich oder fest, frisch oder gereift, dazu noch einer nach französischem Rezept, eingelegt in Olivenöl und mit Kräutern gewürzt, der Hit im Sortiment.
Es ist um Ostern, als wir bei den Findeisens sind. Erste Insel-Gäste stellen sich bei ihnen ein, man kennt sich, begrüßt sich: die Stammkundschaft. Einheimische mischen sich selten dazwischen. Denn was der Friese nicht kennt, ißt er nicht. Oder: „Wenn die Sylter probiert haben, schmeckt es ihnen auch. Aber die meisten kommen gar nicht erst auf den Gedanken." Von der Sylter Kundschaft könnte jedenfalls die Ziegenkäserei nicht leben. Und doch, meinen die Findeisens, ist ihr Erfolg so nur auf Sylt denkbar.
Es liegt nicht nur an den teuren Restaurants und teuren Geschäften, die inzwischen den Käse als Spezialität führen. Es liegt an Sylt selbst, seinem Air von Exklusivität, seinem Ruch Besonderheit. Hier zahlt sich sein Snobby-Image einmal aus: Es kann „chic" sein, sich ausgerechnet auf einer Nordseeinsel mit Ziegenkäse nach französischem Rezept einzudecken. Und dann geht's wie bei den Grönwoldts weiter: Einer sagt's dem anderen, die Nachfrage wächst, und die Eskalation setzt ein, erfreulich bedenklich.
Längst ist die Herde auf 50 Tiere angewachsen. Der Stall wird eng, modernere Maschinen müßten angeschafft, ein richtiger Verkaufsraum eingerichtet werden. Hatte bisher noch gegolten, daß mit der Zeit das eine zum anderen kommt, muß jetzt in größerem Stil investiert werden. Also höhere Kosten, mehr Produktion, damit die Kosten aufgefangen werden, was wiederum mehr Arbeit heißt, also Personal, da das Ehepaar schon jetzt sein Pensum kaum noch schafft: „Krank werden darf von uns keiner!"
Aber in diesem Winter war Armin Findeisen eben doch krank geworden, „glücklicherweise im Februar", dann fällt am wenigsten Arbeit an. Die Findeisens hatten eigentlich nach Irland aufbrechen wollen, in ihr Traumland, wohin sie fast übergesiedelt wären, hätte es nicht Sylt gege-

„Sylt ist unsere Heimat eigentlich erst seit unserer Rückkehr aus Afrika.“

„Jeder findet seine eigene Welt, die meisten in der Familie, der Künstler in seiner Kunst."

der überall, in Berlin oder auf Sylt, im Orient oder in Asien, seine ganz persönliche Vision einfängt und sie in seine ganz persönliche Utopie umsetzt. Nepalesische Reisterrassen werden ebenso wie die Dächer von Kyoto oder Wurzeln aus dem Kampener Watt Zeichen dieser Utopie, und Eglau nickt dazu: „Wenn im Maler keine Utopie steckt, wäre es wohl traurig . . ."
Diese Trauer hat Eglau ein Künstlerleben lang nicht aufkommen lassen: Utopien als Soldat in Rußland, wo er slawische Weiten mit dem Zeichenstift einfing, Utopien in amerikanischer Kriegsgefangenschaft, als er sich in Öl zu erproben begann, Utopie bei der Rückkehr nach Berlin, wo er Student und gleich auch Assistent an der Hochschule für Bildende Künste wurde. Dort hatte er eine „wahnsinnige Vorliebe" für Straßenbahnen und ihre Oberleitungen entwickelt, sein erstes großes Thema, und die hingestrichelten Straßenbahnleitungen hatten sich mit ersten hingestrichelten Fischernetzen verschränkt. Die hatte er noch vor dem Krieg an der Ostsee gesehen. Die fand er, in den frühen 50ern, auf Sylt wieder.
Nicht alle Erinnerungen an diese Zeit sind Bilder geworden. Manche bleiben nur in seiner Erinnerung eingeritzt, die späten Abende in der „Kupferkanne", die langen Nächte am Strand, wenn das Meer geleuchtet und „das Licht die Körper wie Gold umspült" hatte. Aber keine Wehmut im Blick zurück, nicht die übliche Kampen-Nostalgie, nur liebevolles Gedenken an die Gefährten von damals, und er würde gern eine Straße nach Karlchen Rosenzweig, eine andere nach Valeska Gert benannt wissen: „Die haben doch wirklich was für Kampen geleistet . . ."
Das „andere", das nun einmal vorhandene Schikkimicki-Kampen spart er ohne trutzende Verweigerungspose aus, eher milde, nachsichtig, wie von asiatisch schicksalsergebener Weisheit bestimmt: „Wenn eine unserer Inselgrößen ihren Geburtstag im Gogärtchen feiert und dazu Leute aus aller Welt einfliegen läßt, so soll er doch. Dem Wirt bringt's Geld, und mich stört's nicht." Es stört ihn nicht bei seinen täglichen Wanderungen im Watt, wo er sich dann zu den Zeichen im Schlick hinunterbeugt, sich Skizzen macht und sie dann Kunstwerk werden läßt, hier in diesem Atelier, das er '75 gekauft und gerade umgebaut hat.
Das Holz glänzt noch frisch. Die Wände strahlen weiß. Und das alles soll, plant Eglau, nicht nur Arbeitsplatz sein, sondern ein kleines Kulturzentrum werden, mit Puppenspiel, Theaterspiel. Otto Eglaus Frau Johanna, gelernte Bühnenbildnerin, wird das leiten, und Boleslaw Barlog, altvertrauter Buhne-16-Kumpan, hat schon seine Hilfe zugesagt. Also wieder eine Insel, eine, wo jeder Zutritt haben soll, der etwas von Kunst versteht: „Die anderen gehen sowieso zu . . ."
Er verschluckt, was er hatte sagen wollen, und schickt ein Troll-Kichern hinterher. So isoliert liegt wohl keine Künstler-Insel, daß nicht gelegentlich ein Seitenblick, anerkennend oder boshaft, hinüber zur Nachbar-Insel geht. Das gehört nun einmal zur Boheme, gehört zu Sylt, mit dem Eglau seine „Liebesehe" schloß, wozu viel Toleranz gehört wie zu jeder anderen Ehe auch: „Eigentlich schafft sich ja jeder seine Insel selbst."
Auf einem seiner Bilder wirkt Sylt wie ein in das Meeresblau hineingekrümmter schwarzer Haken, wie aus der Vogelperspektive erfaßt, mit dem Blick des Künstlers, der in der Wirklichkeit das Stück Ästhetik sucht. Auch das eine Sylter Möglichkeit, diese Insel zu erfassen, sie sich anzueignen, zum Teil seiner selbst zu machen, hier von einem Berliner Künstler mit der Berliner Sehnsucht nach allem, was nach Wasser riecht.
Sylt als Kunst: ihr begegnet man in Eglaus Atelier. Sylter Wirklichkeit, wie sie sich herangeformt hat in diesem Jahrhundert über all seine Abgründe, seine Stolperschwellen hinweg: dieses Sylt wird Bild, wenn drüben in Rantum einer erzählt, der acht Jahrzehnte lang sein Augenzeuge war, Rantums Alt-Bürgermeister Boy Kaiser.

Die Begegnung mit Otto Eglau fand im Spätsommer 1987 statt. Im Februar 1988, unmittelbar vor Drucklegung dieses Buchs, verstarb der 71jährige Künstler in Kampen.

Boy Kaiser, Alt-Bürgermeister

Er ist 1902 geboren, im gleichen Jahr wie Gret Palucca, und der Badebetrieb war noch auf Westerland beschränkt gewesen. Dort hatte es noch keine gemauerte Uferpromenade gegeben, nur eine Holzverschalung, die einmal eine Sturmflut weggespült hatte, und, streng getrennt, ein Herren-, ein Damen- und ein Familienbad. Und eine Kurkapelle gab es auch, fünf Mann stark.
Im Jahr darauf hatte Otto Busse sein „Miramar" bauen lassen, und in der Nachbarschaft der neuen Prunkherberge hatten Kutschen gestanden. Die konnte sich mieten, wer hinüber zum Kaffeeplausch ins Café Nösse wollte und zum Spaziergang auf dem Morsumer Kliff. Dort in Morsum wurde Boy Kaiser geboren, und der Gasthof „Morsumer Kaiser" hatte der Familie der Mutter gehört, mit einer Remise dabei, wo die Kutschpferde bei Hafer und Heu auf ihre im Gasthaus tafelnden Herrschaften warteten. Der Vater aber, aus Westerland, hatte einen Kolonialwarenladen, und die Postagentur in Morsum leitete er auch.
Frau Kaiser unterbricht die Erzählung ihres Mannes: „Erzähl mal, wie das zuging mit der Post!", und ihr Mann erzählt, wie das zuging mit der Post: Jede Woche einmal, wenn per Schiff die Post eingetroffen war, kutschierte der Vater damit quer über die Insel nach Westerland, und an den Teichen hatten Sylter gehockt, Flinten in der Hand. Die hatten nach Gänsen und Enten geschossen, und ob sie das überhaupt durften, weiß Boy Kaiser nicht: „Der Vogelbestand auf Sylt war ja riesig groß."
Der Vater hatte die Beute gekauft und weiterverkauft, gegen frische Eier, und die hatte er in Westerland an die Hotels weitergegeben. Das hatte einen hübschen Nebenverdienst gebracht, und „den brauchten wir auch".

Boy Kaiser hatte dann die zweiklassige Volksschule im strohgedeckten Haus gleich neben der Kirche besucht, beim Küster Hansen, und der hatte ihm geraten, selber Lehrer zu werden. Und Hansen hatte Stenografie gekonnt, Stolze-Schrey, die hatte er seinem Schüler beigebracht,

„Von Sylt weg? Ich bin doch hier geboren"

für Kaiser ein Kapital sein Leben lang, schon auf dem Lehrerseminar in Tondern, wo er alle Vorlesungen hatte mitschreiben können. So war er denn Lehrer geworden, ohne Stellung zunächst, zwei Jahre lang. Das war zwischen 1922 und 1924 gewesen.
Der Landrat von Niebüll hatte sich damals des jungen Mannes erbarmt, der Stenographie konnte und Schreibmaschine inzwischen auch. Boy Kaiser durfte Hilfskraft sein im Landratsamt, und es waren die Jahre der Inflation gewesen, als es keinen gab, der nicht wenigstens Milliardär geworden wäre. Und der junge Mann hatte die Gehälter der Sylter Beamten zu dicken Paketen gebündelt, daß sie dann der Postbote Friedrichsen, der Großvater des heutigen KC-Pächters Volker, auf seinem Schiff so rasch wie möglich auf die Insel bringen konnte. Denn wer wußte, was all die Millionen noch wert sein würden, wenn sie auf Sylt eingetroffen waren?
Dann war in Rantum die Lehrerstelle frei geworden, und eigentlich hatte keiner dorthin gewollt, „weil alles so einsam und verlassen war". Gerade sieben Häuser hatte es gegeben und nur einen Schüler. Aber jemand aus Westerland war nach Rantum gezogen, der hatte vier Kinder, und so

„Wenn ich über Sylt fahre: so anders als in meiner Jugend ist die Insel nicht.“

waren es denn fünf Schüler zwischen sechs und dreizehn Jahren, die von Boy Kaiser in allen Fächern unterrichtet wurden. Er hatte mit seiner Frau, der Tochter des Landrats, im Schulhaus gewohnt, und dort hatte es kein fließendes Wasser gegeben, kein Licht und im Ort nicht einmal einen Kaufmann. Quer durchs Dorf war aber die Inselbahn gedampft, und weil die Rantumer für ihren Bau Land hergegeben hatten, durften sie alle gratis fahren, nur ihr Herr Lehrer nicht. Der durfte höchstens die Draisine benutzen, auf der sonst die Arbeiter hinaus zu den Dünen fuhren. Dort hatten sie Strandhafer zum Schutz gegen den Wind gepflanzt, und das war im Rantum jener Jahre der Haupterwerbszweig gewesen.

Das Sylt der 20er: es war nicht sehr verschieden vom Sylt aus der Zeit vor dem Krieg. In Rantum ging man tagsüber seiner Arbeit nach, und abends saß man nachbarschaftlich zusammen. Die Frauen strickten, die Männer spielten Skat, und gegen zehn wurden Kaffee und Kuchen aufgetischt. Dann saßen alle um die Tafel und „schnackten klug". So war das hier immer schon gewesen, nur daß jetzt einige Kriegerwitwen in der Runde saßen. Die gehörten dazu wie alle anderen auch: „Wir Nachbarn haben ja immer sehr schön zusammengehalten." Im Osten wurde indes ein Damm gebaut, der Hindenburg-Damm, und danach war die Insel eigentlich keine richtige Insel mehr.

Über den Damm donnerten die Züge mit Sylt-Urlaubern heran, und in Westerland hatte es das „Trocadero" gegeben, wo die Tanzfläche rund war und Barnabas von Geczy die Geige beim „Puszta Fox" schluchzen ließ. Das waren nun schon Jahre, wo man an der Promenade UFA-Star Willy Fritsch posieren sah und den Star-Regisseur Geza von Cziffra am Westerländer Strand mit dem Töchterchen von Marlene Dietrich Sandkuchen backen. Aber von all dieser Prominenz haben die Kaisers nicht viel gesehen, nur einmal den Reichspräsidenten Hindenburg, als der für einen Tag zur Einweihung des Dammes nach Sylt gekommen war: „Ganz steif und starr hat der in seinem Wagen gesessen . . ."

Vermietet wurde in Rantum auch schon, und überhaupt war manches auf Sylt doch anders als früher. Da hatte einmal der Lehrer mit seinen Schülern eine Wanderung zum Klappholttal hin gemacht, wo Knud Ahlborn residierte und der Palucca die Schallplatten für ihren ersten Tanzabend auf Sylt lieh. Den Kindern waren aber in Klappholttal-Höhe drei Gestalten im „Lichtkleid" entgegengekommen, und sie hatten sich geschämt. Ihr Lehrer hatte sie getröstet: „Nicht wir müssen uns schämen, sondern die."

Dann war das Jahr '33 gekommen, und plötzlich war aufgefallen, daß der Gemeindevorsteher Levi hieß. Der konnte nicht länger der Gemeinde vorstehen, und neuer Bürgermeister wurde nun der reichste Bauer, ein schwieriges Amt. Denn zu Rantum hatte Hörnum gehört, und in Hörnum wurden Kasernen gebaut als erste Stein-Attacke auf das noch unversehrte Sylt. Für die Arbeiter mußte aber ihre Sozialversicherung ausgerechnet werden, und das hatte dann der Lehrer besorgt. Der konnte außerdem Stenografie und Schreibmaschine, der hatte alle Briefe geschrieben und sie dem Bürgermeister vorgelegt: „Hier mußt du unterschreiben!" Was jedoch aus dem Herrn Levi geworden ist, weiß man nicht so genau, wie ohnehin so manches über die jüdischen Mitbürger geflüstert wurde, die plötzlich allesamt verschwunden waren. Aber sonst hat man vom Nationalsozialismus eigentlich nicht viel gemerkt.

Drüben in Wenningstedt hatte sich zwar die Schauspielerin Emmy Sonnemann, nun Frau Göring, von ihren Filmgagen ein Haus gekauft, und dort hatte sie dann ihr Gemahl gelegentlich besucht, hatte sich beim Baden nicht fotografieren lassen und war über die Morsumer Heide spaziert, wo er seinen Dolch verlor. Und gebaut wurde viel, nicht nur die Kasernen in Hörnum, sondern auch die Deiche vor Morsum, und ein gigantisches Projekt war in den Plänen aufgetaucht, ein Riesendeich von Sylt hinunter bis nach Eiderstedt.

Aber es blieb bei den Eindeichungen auf der Insel selbst, und in Keitum hatte der Vater von Hans und Wilhelm Borstelmann gegen die NS-Gewaltigen prozessiert. Das hatte ihm dann nach der Denunziation durch einen Sylter Landsmann den Tod im KZ gebracht. Aber so etwas wäre in Rantum nicht möglich gewesen, hier hielten die Nachbarn weiterhin sehr schön zusammen, zwölf braune Jahre lang und auch noch in der ersten

Nachkriegszeit: „Gehungert haben wir eigentlich nicht." Aber manchmal schwarz geschlachtet, und manchmal trieben von der See her Kisten an, mit Orangen oder Schokolade und einmal eine mit Büchsen voll Trockensahne: „Das war natürlich etwas ganz besonders Feines!"
Alles wurde redlich geteilt, mit den anderen Rantumern und mit den nach Sylt verschlagenen Flüchtlingen auch. Denn nun füllte sich die Insel. Drüben in Westerland war das „Miramar" Flüchtlingsheim geworden, und hier in Rantum waren allein im Haus der Kaisers zehn Personen in zwei Zimmern untergebracht. Man hatte sich dennoch ganz gut vertragen, und Sylt bewährte sich mal wieder als ein großer Schmelztiegel: Viele der Menschen aus dem Osten fühlten sich hier wohl und sahen sich an die Kurische Nehrung, an die Deiche der Weichsel erinnert, woher ja schon das Urbild des Stormschen „Schimmelreiter" als Nationalmythos der Nordfriesen gekommen war. Und viele wurden hier ansässig für immer.

Ein junges Mädchen aus Schlesien wurde Frau des späteren Keitumer Kurdirektors Peter Schnittgard, eine andere Schlesierin Frau des Keitumer Dichters Boy Lornsen. Der Vater von Armin Findeisen, zuvor deutscher Siedler in Weißrußland, ging ein weiteres Mal daran, sich eine bäuerliche Existenz aufzubauen, und in Keitum lernten beim Kinderspiel die Mädchen Traute Meier und Maike Ossenbrüggen ihr Hochdeutsch von den Flüchtlingskindern. Und die ersten Nachkriegsgäste waren gekommen, Werner Höfer mit mitgebrachten Kartoffeln im Gepäck, Boleslaw Barlog, der die ersten Makrelen nach dem Krieg hinunterschlang, Berthold Beitz, der im Kampener „Kliffende" 11,50 Mark für die Übernachtung plus Vollpension zahlte und diese Rechnung sich gerahmt an die Wand gehängt hat. Um die Buhne 16 begann sich ihr Mythos zu ranken, doch davon hatten in Rantum die Kaisers nichts mitbekommen. Ob sie überhaupt schon mal an der Buhne gewesen sind? Da sieht denn Boy Kaiser seine Frau an und die Frau ihren Mann, da schütteln sie den Kopf, und Frau Kaiser sagt etwas verlegen: „Ich weiß gar nicht so genau, wo die eigentlich ist . . ."
Eine Pause entsteht, und Frau Kaiser meint, es sei nun Zeit für Kaffee und Kuchen. Die Gedanken ihres Mannes kehren noch einmal in Krieg und Drittes Reich zurück. Eigentlich hatte er viel Glück gehabt, hatte zwar mit seinem Motorrad NS-Kraftfahrer werden müssen, aber als ihn ein SS-Mann aufgefordert hatte, doch selber „diesem schönen sportlichen Verein" beizutreten, hatte Boy Kaiser nicht gewollt. Und das Soldatenkleid hatte er zwar anziehen, aber an der Front nur einen Tag lang tragen müssen. Dann war Waffenstillstand gewesen. Und beide Söhne waren gesund aus dem Krieg zurückgekehrt. Der eine ist nun Lehrer wie der Vater, der andere Ingenieur, sie leben in Kaiserlautern und in Segeberg, haben dort ihre eigenen Familien. Es zieht sie nicht auf die Insel zurück, so wie den Vater nichts von Sylt hat fortziehen können: „Von Sylt weg? Ich bin doch hier geboren!"

Die Autoren

Paul Barz wurde 1943 in Leslau an der Weichsel geboren, wuchs in Hamburg auf und war nach Abitur und Verlagslehre fünfzehn Jahre lang Redakteur der Kulturzeitschrift „Westermanns Monatshefte". Heute lebt er als freier Autor in Hamburg und Nordfriesland. Er schrieb über dreißig Hörspiele, mehrere Theaterstücke, darunter die international erfolgreiche Komödie „Mögliche Begegnung" (1985), sowie zahlreiche Sachbücher, u. a. „Die Menschen von Versailles. Biographie eines Schlosses" (1973, Neuausgabe 1988), „Heinrich der Löwe" (1977), das Storm-Buch „Der wahre Schimmelreiter" (1982), „Bach Händel Schütz. Meister der Barockmusik" (1984) und „Doktor Struensee. Rebell von oben" (1985). Im Verlag Boyens & Co. gab er 1987 die Anthologie „Wo die Musen frieren. Zwanzig norddeutsche Künstlerporträts" heraus.

Hans Siwik, 1933 in Breslau geboren, absolvierte nach dem Schulabschluß eine zweijährige Volontärzeit bei einem Zeitungsverlag in Offenbach und Frankfurt. Danach arbeitete er als freier Bildjournalist. Später ging er für drei Jahre nach Bonn, wo er für verschiedene Zeitschriften des In- und Auslandes tätig war. Seit 1970 zeigt Hans Siwik freie Arbeiten in Ausstellungen, unter anderem in Deutschland, den USA, Polen, Belgien und der Schweiz. 1972 wurden seine Bilder mit dem Photokina-Obelisken ausgezeichnet. Heute lebt er als freischaffender Fotodesigner in Oberursel. Seine Arbeitsgebiete: Kalender, Annuals, Anzeigenkampagnen für die Werbung. Er ist Mitglied im BFF, in der D.G.P.H. und der G.D.L.